从偏差行为
到卓越一生

况福正◎著

中国商业出版社

图书在版编目（CIP）数据

从偏差行为到卓越一生 / 况福正著. -- 北京 : 中国商业出版社, 2024. 8. -- ISBN 978-7-5208-3106-2

Ⅰ. G782

中国国家版本馆CIP数据核字第20246DX028号

责任编辑：许启民

策划编辑：武维胜

中国商业出版社出版发行

（www.zgsycb.com　100053　北京广安门内报国寺 1 号）

总编室：010-63180647　编辑室：010-83128926

发行部：010-83120835/8286

新华书店经销

北京厚诚则铭印刷科技有限公司印刷

*

710 毫米 ×1000 毫米　16 开　9.25 印张　142 千字

2024 年 8 月第 1 版　2024 年 8 月第 1 次印刷

定价：98.00 元

* * * *

（如有印装质量问题可更换）

前言

近些年有偏差行为的孩子越来越多，特别是厌学、叛逆、无动力等各种青春期问题越发明显。为了解除父母的烦恼，我在本书分享自己的一些经验，以便更有针对性地帮助父母带领孩子走出偏差行为，带领全家走向幸福。

我是一名心理教师，在上高一的时候，患了一种奇怪的“心病”，每天没有胃口吃饭，不愿意和同学沟通，成天思考人生的意义，内心有很多的恐惧和迷茫，很多时候感觉自己很无助，像迷失在沙漠的“羔羊”。每天就是上课下课，如同“行尸走肉”一般。很多时候除了学习就是发呆，我清楚地记得在大夏天的时候，我可以在教室里坐到浑身发冷。每天晚上睡觉之前我都有睡眠障碍，所以只能通过幻想来解决睡眠的问题，整个高中三年我几乎每晚都会幻想几个小时。后来回想这个习惯的时候，我会暗自开心，因为这个习惯极大地锻炼了我的思维能力。但对于当时的我来说，那无疑是非常痛苦的。那个时候我只知道我有点不对劲，但我的身体机能一切正常，没有明显的证据证明我有什么病，但我就是感觉我很不开心很无力。这种情况一直持续了近两年的时间，最后到高三的时候我才开始慢慢好转。当时我很想搞清楚我到底是怎么了？我只知道我内心出了问题，却不知道到底是什么问题。这些问题如何产生的、怎么治疗等一大堆的疑问困扰着我。但当时我所处的环境和认知都无法告知我，我患的是什么病。所以当时我内心就埋下了一颗种子，我一定要搞清楚我是怎么了，到底该如何走出这种困境？后来直到我开始学习心理学之后，我才意识到我是心理出现问题了，我才知道那是和我的童年经历有关……从此我便“跳入心理学的海洋中”，从开始的自我救赎，到后来的唤醒他人，一路跌跌撞撞，最后我成为一名心理教师。

在当心理教师的这些年，我遇到了无数个和我一样的孩子，也看到了无数位痛苦的父母。我是发自内心地想帮助他们，因为我从这些孩子身上看到了曾经的自己，我也从这些父母身上看到了我父母的影子。我父母的婚姻是这个世界上我认为最糟糕的婚姻之一，所以在成长的道路上，心理学上提到的所有原生家庭中的“坑”我都踩过。当然现在来看的话，我非常感谢这些踩过的“坑”，因为这些经历都是资源，如果没有这些资源我也无法快速地成长。

只有经历他人的故事，才能深刻理解别人的痛苦。我早已走出这种痛苦，所以再看到这些孩子和父母的时候，我真心希望尽自己的微薄力量，来帮助他们走向幸福。这些年我一直在一线做咨询，特别是近几年我的直观感觉就是有重大偏差行为的孩子越来越多，很多父母焦急万分不知道该如何帮助孩子，有些时候父母往往作了很多努力，态度很好，但方向不对，最后却收效甚微，孩子迟迟不见好转，这对于一个家庭来说无疑是沉重的打击。看到这些情况每天在发生，内心五味杂陈，我回想起自己做心理教师的使命：帮助千千万万的孩子情智双高，让千千万万的家庭卓越幸福。所以我想我要做点什么，作为一名心理教师，我发自内心地想为那些正处于迷茫和痛苦中的父母做点什么。于是，我决定把多年的成功经验作一个总结，为家庭教育贡献一点绵薄之力。在此要深深地感谢学员们提供的宝贵经验，也感谢那些愿意公开自己学习心得的父母。最后希望朋友们给出宝贵的意见，让我们共同努力争取所有这类家庭都能早日云开见月明。

况福正

2023 年 3 月

父母学习前的心态

人生最大的快事，就是能遇到一群志同道合的朋友，可以一起走向幸福。所以各位父母能选择成长自己，选择做责任者，就已经走向幸福的起点了。

在学习之前我要首先提出几个诚恳的建议。

1. 学习要有耐心，急功近利是学不好的。

2. 放下执念和抱怨。敢于接受新的观点，果断放下过去固执的信念。不要抱怨任何人，我们自己活成一道光，身边就不会有任何黑暗。

3. 家庭教育需要系统学习，需要我们一点一点学习才能逐渐掌握。

4. 我们的学习态度越积极，得到的帮助就越多，进步就越快。

5. 始终相信自己，相信伴侣，相信孩子，相信一切可以帮助我们的资源，相信爱会创造奇迹。

6. 您就是爱的源头和榜样！心暖则柔，心素则安。

每一颗不安的心，都需要有个地方停泊。

很多父母对孩子充满了担心，仿佛担心是自己唯一的存在感。

孩子学习时，担心成绩不好；孩子有偏差行为了，担心身体出问题；孩子好转了，担心进度跟不上……结果问题无穷无尽，越努力，问题越多！

然而，真相是你掉入了自己的忧虑中，却不停地想去搞定别人，以减轻自己内心的痛苦。很多时候，我们这样做，不仅改变不了别人，还会让彼此陷入更大的痛苦之中。

外在所有让自己痛苦的事情，都是自己内心的投射。因为我们内心还有很多未被疗愈的创伤；因为我们内心还很缺爱；因为我们还需要更多的接纳与看见；因为我们自己还未疗愈，爱的能力还没有提升。

这个时候，我们越是往外抓取，最后自己越痛苦！外面没有别人，只有你自己。我们只有把焦点转移到自己身上，去好好地关注自己、去爱自己、去内修自己，这样心灵才能彻底解脱！

亲爱的父母们，相信我！只有我们变了，世界才会变；只有我们变了，孩子才能情智双高，家庭才能卓越幸福！学做好父母，成就孩子的一生！

目录

第一章　有效应对孩子的学习问题 …… 001

一、帮助孩子解决偏差行为的核心理念 …… 001
二、父母焦虑情绪对孩子的影响 …… 004
三、父母放下焦虑的办法 …… 005
四、放下控制欲，及时做到“止语” …… 011
五、功利主义思想对孩子的影响 …… 013
六、爱是深深的理解和接纳 …… 017
七、孩子出现偏差行为的常见原因及解决方案 …… 021
八、解决学习问题的错误做法 …… 031
九、解决学习问题的正确做法 …… 033

第二章　帮助孩子建立和谐的人际关系 …… 039

一、孩子人际关系出问题的常见原因 …… 039
二、纠正孩子“扭曲思维”的办法 …… 043
三、释放孩子负面情绪的办法 …… 044
四、孩子负面思维“转正”的办法 …… 054
五、孩子的人际关系及父母的做法 …… 058

第三章　和谐的夫妻关系是偏差行为孩子最好的疗愈场所 …… 061

一、知己知彼是走向和谐的第一步 …… 061

二、两性相处原则 …… 068
三、男性与女性的区别 …… 070
四、夫妻沟通大全 …… 073
五、夫妻如何统一教育观点 …… 076
六、父母应该如何提升孩子和伴侣的安全感 …… 083
七、夫妻教育中的“爱恨情仇” …… 087

第四章　浅谈情绪和疗愈 …… 096

一、偏差行为的孩子常见的三大情绪及解决方案 …… 096
二、给孩子赋能，让孩子快速拨云见日 …… 099
三、孩子焦虑情绪的前兆和有效预防 …… 104
四、对偏差行为的孩子不能说的 16 句话 …… 106
五、从偏差行为到“重新起航”的五大标准 …… 108

第五章　偏差行为走向卓越的心路历程 …… 111

一、孩子出现心理问题的前兆 …… 111
二、孩子出现偏差行为之后，教师、亲戚朋友要来家里沟通怎么办 · 113
三、孩子出现偏差行为之后，学校教师通知活动该怎么和孩子说… 116
四、孩子出现偏差行为之后，该如何向亲戚朋友说 …… 118
五、孩子出现偏差行为之后，该用什么心态面对家庭中的其他孩子 · 119
六、孩子从偏差行为到改变的心路历程 …… 121

父母“战歌” …… 136

后记 …… 138

第一章　有效应对孩子的学习问题

一、帮助孩子解决偏差行为的核心理念

父母在学习之前首先要放下家庭教育“六把刀”（也可称之为“三把刀”，根据个人的叫法都是可以的）。

“三把大刀”：焦虑、强迫、功利心。

“三把小刀”：要求、建议、讨好。

这是在实践过程中总结的经验，有偏差行为的孩子，他们的父母基本上都有这样的问题。父母的“六把刀”对孩子造成很大伤害。想要孩子快点好，放下“六把刀”是最快的“捷径”。

放下“六把刀”不是放任自流，也不是忽视孩子。放下“六把刀”就是要换一种更好的方式爱孩子，没有不爱孩子的父母，只有不会爱孩子的父母。爱孩子，不要期待回报，相信孩子，做好对孩子的“赋能”只是爱和付出，不要结果，不要回报，给予孩子真正的滋养。

放下“六把刀”是以爱为前提，解决孩子一切问题的核心就是用爱感化孩子，我们带着喜悦、平静、祥和的状态，才能更好地与孩子相处。

1. 放下“六把刀”的好处

孩子出现偏差行为之后情绪会一直不稳定，这时，父母的过度焦虑、讨好、唠叨等行为，只会对孩子的情绪造成更大的影响。孩子已经出问题了，父母在没改变的情况下，还一味地按照曾经的教育方式来管理孩子结果就是“错误的

方法一错再错”，孩子的问题就越来越严重。所以这个时候有效的“止语和放下”是非常重要的。

界限不清晰就会带来很多伤害，所以放下“六把刀”更利于父母和孩子建立清晰的界限，孩子也会感觉到父母的改变。过程不必纠结孩子的行为，只要孩子的行为不伤害别人，不伤害自己，不违法乱纪，我们都先接纳，然后再去看孩子的正面价值。

有效的止语不等于不说话，我们还是可以和孩子说话的，三点原则：一是只说提升对方能量的话；二是一定要学会真诚地表达；三是如果非说不可，记得只说一次。

2. 放下“六把刀”的心态

家长在开始改变的过程中，会有一个“螺旋式上升”的过程，即改变旧的思维不是一蹴而就的事情，所以开始就算做得不好，也没有关系。切记不要去攻击自己，要时刻给自己赋能，告诉自己“我一定是可以的”。要懂得原谅自己，爱自己才能有能量。

“既来之，则安之”，既然选择了学习，就一定要汲取成功的经验，只有这样，才能事半功倍。很多父母习惯性带着自己的旧思维对身边的人进行批判，这是学习的最大忌讳之一。记住一句话：“不破不立。”越抗拒，越持久，越努力，越幸运。

◎ 案例

学员 A：现在孩子确实不缺物质，缺的是精神需求，尊重和理解对于他们来说需求很大。特别感谢况老师的这个平台，让我时不时反省自己，虽然有时做得不够好，好在自己坚持放下“三把刀”，慢慢拉近了与孩子的距离。也谢谢孩子之前为上学的事情只是与我对抗了一个星期，把情绪都发泄出来了，没有报复自己，内心还是渴望向上的。我现在很信任他，他现在一直坚持得特别好，每天回来还唱歌。

学员 B：这一年来，我们也是坚持放下“三把刀”，给孩子足够的尊重、包容和爱！就算他还有偏差行为，我们也不再大呼小叫，不再暗暗焦虑，而是相信他会做好他该做的！孩子现在情绪基本稳定，同家人的关系改善了很多，学习进步了，给自己定了目标。我现在只做好后勤保障工作，其他都不操心。

二、父母焦虑情绪对孩子的影响

父母非常地不容易，在面对工作和教育孩子的时候，往往会有一些焦虑出现，例如：个人焦虑、事业焦虑、婚姻焦虑，对孩子未来的焦虑等，最后这些负面情绪都会传递给孩子，孩子吸收了父母的负面情绪之后，就会出现心理问题。因此父母越早放下焦虑，孩子就好得越快。

“相濡以沫，不如相忘于江湖。”父母都是爱孩子的，但是孩子更爱父母。如果孩子过得不好，父母会伤心，父母会想着帮助孩子。相反如果父母过得不开心，孩子就会以为是自己的责任，就会很愧疚，就会来拯救父母。

孩子拯救父母就是非常危险的事情，因为孩子没有什么好的办法。孩子能做到的也就是听话，懂事和努力学习。孩子一旦通过这样的方式拯救父母，最后就会伤害自己。

孩子和父母之间彼此爱着对方，但是都没有好的方法，最后因为爱而造成了伤害。

健康的亲子关系，就是自己幸福，然后祝福孩子，这也是我们自己要成长的原因！

三、父母放下焦虑的办法

1. 原生家庭创伤需要疗愈

幸运的人用童年疗愈一生，不幸的人用一生疗愈童年。事实上每个人都会受到原生家庭不同程度的影响。只是有的人影响比较小，有的人影响比较大。我们先来看一下比较常见的影响。

一是父母婚姻关系长期冲突甚至离婚。孩子亲密感较差，不会处理亲密关系，很容易在婚姻中重复父母的婚姻。有的甚至恐婚，不愿意结婚。

二是父母双方都强势。孩子敏感、自卑、压抑、内向。

三是父母有一方强势一方弱势。孩子要么强势，要么讨好或自我拯救。

四是父母均不会有效的沟通，孩子也不会沟通。

五是父母不会爱的语言，孩子也不会爱的语言，家庭长期冰冷，没有爱的流动。

六是遗传了很多父母的性格。如强势、焦虑、易怒、暴躁、压抑、脆弱、敏感、恐惧、自卑、控制、功利等，这样孩子就会产生各种偏差行为。

在讨论原生家庭对个体的深远影响时，我们看到父母的性格特质及行为模式往往代代相传，孩子们无意中继承了这些模式，包括不健康的行为习惯。这不仅影响了他们的情感处理和人际关系，还可能导致心理健康的长期问题。了解这种传递性是理解为何个人在人际关系中容易受伤、情绪波动以及面对生活挑战时感到无力的关键。接下来，我们将探索父母可能会遇到的一些问题。

一是你在家庭关系中经常受伤、情绪不稳定、很焦虑、很敏感、没有安全感、感受不到被爱、与父母和兄弟姐妹关系冲突、对自己有很多的不接纳、内心有很多的恐惧担心、对已经去世亲人的哀伤等。

二是感受不到自己的感受，也感受不到别人的感受。

三是知道很多道理，但就是做不到。

四是和父母关系不亲密，内心对父母有恨，对父母有很多情绪。

五是父母去世，对父母有很多内疚。

六是成长过程中，经历了很多创伤。

如果符合以上情况的一项或几项，且同时婚姻和亲子关系确实出了问题，特别是孩子出现了偏差行为，那么父母就需要做专业的家庭治疗了。根据经验，父母的这些问题就是孩子出现问题的根源之一，只有解决了原生家庭的问题，父母自己疗愈之后，才能更好地学习疗愈孩子。

2. 调整“起心动念”放下过多的期待

（1）放下过多的期待

过多的期待会让孩子感受到压力，父母学会放下一些期待是为了给孩子更多的安全感，这是对孩子的保护。如果父母带着过多的期待和孩子相处，就会时时刻刻传递给孩子一种压迫感，这不利于孩子的成长。父母应该放下过多的期待，把过多的期待放在自己的成长上。同时，期待也分为“痛苦的期待和幸福的期待”，我们把幸福的期待给孩子，把痛苦的期待放下。只管去对孩子做正面的催眠，当父母的状态变化时，孩子就能感受到父母的力量，孩子就会越来越接纳自己。

父母能够管理好自己的期待，这样和孩子相处起来就更能有“纯正的动机”，然后就更容易促进亲子关系的好转。父母要时刻问自己，我们对孩子说的话和做的事，到底“起心动念”是什么？我们的“起心动念”是真的为了孩子好，是欣赏孩子，还是我们只是打着爱孩子的名义来控制孩子和要求孩子？父母只有不断地洞察自己的内心，才能对孩子的教育有的放矢。

父母想改善孩子的偏差行为，首先还是要有和谐的亲子关系。这时，父母要放手让孩子为自己负责，不要过多地去干涉孩子。父母要给孩子时间，让孩子按照自己的节奏做事。孩子有偏差行为的时候，本来就容易对父母产生内疚之情，孩子会认为是自己辜负了父母的期待，孩子本来无法面对父母，这时候父母还带着过多的期待，孩子就会感觉到更大的压力，让孩子更加无所适从。如果父母焦虑，就去做疗愈，画“赋能表”这个过程就可以让自己安静下来，静能生慧。当父母静下来之后，孩子也能感受到父母的宁静，这对孩子都是有帮助的。

（2）“赋能表”解读

这是我在工作中总结的学习工具，分为画面、情绪、思想、目标、进步、对别人的欣赏、对自我的欣赏和反思 8 个部分。目的是让父母，通过一件小事，及时地反思和进步，正所谓，积跬步以致千里。“赋能表”在使用的时候，可以全部使用，也可以单独学习运用画面、情绪、思想、目标前四个部分的“小赋能表”（接下来的内容，我们会详细解读）。

◎ 案例

学员 A：我有一个困惑，既然我们对孩子不要有期待，但我每天都有希望，这个期待和希望，有什么不同？

学员 B：不知道我理解得对不对，不要有带着功利的期待，要有希望，就是孩子自身活得更好更自在的希望，哪怕遇见的都是坎坷荆途，也知道未来会更好的那种希望。

学员 C：我感觉希望是美好是祝福，期待是需要对方为你做什么，带着隐性的功利和控制。

学员 D：我理解的期待是孩子成为什么样的人，只能先做好自己再去引导他，然后再把这份期待多放在自己身上，自己去行动，多鼓励自己，发展好自己，这样孩子就会有感知。

学员 E：就算孩子会满足我们的期待，我们的功利心也会滋长更多的期待，所以孩子不愿意按我们的期待努力，甚至背道而驰。不期待，孩子反而没有了束缚，可能就会超越我们所有的期待，因为孩子本自俱足。放下期待，我们只是静静地站在那里，感受当下。

学员 F：我担心如果孩子自己也很迷茫，不知道怎么办呢？

学员 G：如果孩子看到家长也是迷茫焦虑的，就会更加迷茫无助。如果孩子看到家长是乐观笃定，也会慢慢学习和摸索，走出迷茫。只要孩子看到父母是坚定地理解自己的、全然相信自己的，孩子就有力量找出一万种走出迷茫的办法。我们要敬畏孩子的生命力，相信孩子的复原力。

打个比方，如果在单位里，我们的领导，对于公司的发展是迷茫和忧虑的，对员工也是表面赞扬内心并不认可或确定的，那么作为员工，就很难有底气去创造优秀业绩。如果领导具有坚定的信念，决心把公司做大做强，任何困难都不畏惧，坚毅笃定地相信员工是最优秀的，一定能迎接挑战，并且不求全责备，愿意为员工找寻资源，愿意承担风险为员工兜底，让大家毫无顾忌地去试错，去思考，去努力。员工就会发挥最大潜能，去超越公司的愿景和目标。其实经营家庭和经营公司是一样的，都需要有引领者的胸怀和勇气，以及信任。

我们希望有怎样的领导，孩子就渴望有怎样的父母。我们做员工的并不是看领导怎么说，而是观察他怎么做，是怎样的人，同样，孩子也是这样在观察和体会我们。

父母把这些做好，孩子就可以好转。同时建议家长要摆平心态，不要过度着急。在咨询中我们常常会发现很多家长，比较急切地希望看到自己的付出有相应的回报，家长希望“一锄头挖一口井”，这都不利于孩子的恢复。

3. 学习成长

大多数的焦虑都是对无奈迷茫和恐惧的无能为力。父母不要一直活在焦虑和痛苦中，大家要积极地寻找可以帮助自己成长的方法。如果暂时没有力量，那就先调整思维，先让思维积极正向。等到有力量的时候，就去做自己的功课。做功课肯定是会有一些短暂的痛苦，那都是正常的。如果不敢触碰内心的痛苦，那就记住：怕什么就去做什么，带着恐惧行动起来。不要活在痛苦里，不要把自己当作受害者，要让自己成为责任者，成为家庭幸福的引领者。

4. 转移注意力

父母最好要有自己的爱好，不要总盯着孩子，事实证明父母只要走出去，把焦点转移一下，自身的焦虑就会少很多。父母轻松了，孩子的焦虑也就减轻了。

◎ 案例

我们学员中有一个孩子答应要好好学习，但一直没有付诸行动。爸妈每天就盯着孩子，负能量相互传递，家庭氛围极度紧张和压抑。最后爸妈决定换个环境，出去旅游一个月，每天给孩子发他们的旅游照片和对孩子爱的语言，结果很快孩子就开始努力学习了。很多孩子都坦言，他们都希望爸妈能有自己的生活，特别是看到父母开心喜悦的样子，他们就会自然而然地开心和放松。

5. 运动唱歌

运动是释放一切负面情绪最好的办法，每天坚持运动，心情就会好很多。我们研究发现，父母坚持运动，可以很大程度地带动孩子。

6. 参加读书会

父母要多参加一些读书会和团体学习。

7. 冥想

冥想最大的好处就是可以去觉察我们的潜意识和我们的呼吸，觉察和呼吸之间就可以释放我们内心大量的焦虑，这对于缓解焦虑效果特别好。有很多父母，早中晚都会冥想。大家也可以做呼吸疗法，通过呼吸疗法来释放自己的情绪疗愈自己的创伤。

8. 了解真相

很多时候，我们的焦虑，最主要的原因就是我们看不懂真相，因为不明白所以就焦虑。如果我们可以看懂真相的话，那么很多焦虑就消失了。所以，我们要有能看懂行为背后动机的能力。

◎ 案例

有一位妈妈十分焦虑，原因就是孩子已经几个月不和自己说一句话了。最后通过分析，我让她画一个“赋能表”，妈妈画完之后就再也不焦虑了。因为她画“赋能表”的时候，看到孩子很想和自己沟通，但自己总是习惯性地讲道理，习惯性地指责，习惯性地只谈学习。孩子每次和妈妈沟通之后，只有痛苦和不被理解，所以孩子再也不想和妈妈沟通了。最后这位妈妈很努力地提升自己的沟通能力。由于方向明确了，渐渐地也就不那么焦虑了。

总结：解决孩子的偏差行为 = 父母学习 + 妈妈不焦虑 + 爸爸不缺位 + 夫妻关系和谐 + 亲子关系和谐 + 会沟通 + 给孩子赋能 + 爱自己 + 家庭爱的流动！

四、放下控制欲，及时做到“止语”

父母对孩子的控制无处不在，父母只有放下控制、放下管控、放下讲道理，放下唠叨，让孩子为自己负责，才利于孩子的成长。

1. 坚持“止语”是一种修行

止语是为了不发生冲突，那些能提升对方价值感的话是可以说的。

止语 = 不发生冲突 + 讲好听的话。

◎ 案例

学员 A：我在家进行了一个月的“止语”，孩子表现得相当好。他从周一至周六按时上课，基本未出现迟到情况。以前未上的课程，我已与老师沟通，将其折算为一对一的补课。老师提议周日补课，孩子居然同意了，昨天他自己去上课了。我对此感到些许心疼，因为这意味着他从周一至周日都需上课。然而，他并未表现出任何抗拒，我仅与老师进行了沟通，之后由老师转达给他。

学员 B：尊敬的况老师，感谢您自去年以来不断的教导和支持，我的孩子今年顺利开始了新学期！经过一个学期未曾返校，孩子初回校园时显得稍显不适应，但他逐渐适应并在第二周表现出了显著的进步。我坚信，随着时间的推移，他会表现得更加出色。

回顾过去，我深感“止语”精神的重要性，正如您所强调的，相信信念的力量。在孩子不愿意活动时，我会引导他参与各种活动，无论是学习还是他的兴趣爱好，如钢琴、吉他、健身和马术，我都愿意为他投入所需的资源。课程安排得非常充实，我们抓住机会补上以前错过的课程，这不仅丰富了他的生活，还帮助他在学业之外培养了新的技能。

我常常鼓励孩子学习，并在遇到困难时及时与您沟通。每次与您的交流都极大地鼓舞了我们，您的丰富经验为我们这些迷茫的家长指明了方向。我们将继续遵循您的指导，确保大人和孩子都能顺利前行。

2. 放手

只要不危及生命、不违法、不犯罪，不伤害自己，不伤害别人，父母可以不对孩子过多干预和着急，放手给自己解绑也给孩子解绑。父母的焦虑和担心都会影响大家的状态，与其焦虑万分，不如放松心态调理好自己，去关注自己的情绪和疗愈自己的创伤。只有父母成长，学会放下，学会不抓紧孩子，孩子才能按照自己的方式成长。孩子是独一无二的，不是父母的“私有财产”！要相信孩子有他们的想法和未来，祝福孩子，相信孩子，每个生命都有本质具足的能力。

◎ 案例

学员：我娃之前总迟到，今天他没有迟到，是第一个到校的。我反思我自己做了什么，发现是选择了“放手”，虽然有一千句想说，都忍回去了。发现孩子什么都知道，他心里在掐着时间。我感觉更高的期望值开始在心中徘徊了，看来我还要继续修炼自己。

上述案例很有代表性，其实，我们都要经历一段，努力止语不抱怨的时光。如此，才能熠熠生辉，才能去更酷的地方，成为更酷的父母。

五、功利主义思想对孩子的影响

分数为王的心态，害了无数的孩子，父母要认清教育的规律，放下功利主义，尊重孩子本身的能力。同时父母要知道，学习去改变具有螺旋式上升的特点，所以父母要遵循教育的规律，不能急于求成。

1. 放下功利主义，像孩子一样去爱

很多父母不理解这句话，我来解释一下。众所周知，父母对孩子的爱被视为无比伟大，然而，我们往往还忽视了一个事实：孩子对父母的爱同样伟大，甚至在某些方面超越了父母的爱。这是因为父母对孩子的爱常常包含了“期待和功利主义”，而孩子对父母的爱则更为纯粹，缺乏复杂的“期待和功利主义”。孩子们往往就是为了爱而爱！

◎ 案例

学员 A：分享下我的感受。青春期的儿子经常撑我，还非常坚定地说过，“我比讨厌学习还讨厌你”。我一度很难过，感觉养了个“白眼狼”。周五家长会，学校说加晚自习，让家长轮流进校值班。孩子回来说：“我不想让你参加。”我第一反应是，他讨厌我，不想让我出现在同学面前。结果他说：“我觉得你讨厌我，不喜欢我。”我瞬间感到心疼，原来孩子远远比我们更在乎对方是否真的爱他啊，我们这么多年给孩子带来了多大的伤害啊。

学员 B：况老师说过，“孩子永远是忠于父母的”，这个话太有道理了。我们有时被偶然的现象迷惑，就否定了孩子的爱。孩子对我们发火的时候，是真的把我们当作最爱的人啊，所以才无所顾忌；他对待外人，一定不会随便乱发脾气。而我们对孩子发脾气，仅仅因为孩子是家里最弱小的那个人。平心而论，我们对同事对领导，是不会这样毫不遮掩毫无顾忌地发火的。

学员 C：因为孩子弱，我们感觉可以掌控他，孩子无法反抗。又因为我们是他的父母，生他养他，他就应该被我们指责，这些思维害苦了我们的亲子关系。我当时马上说："我怎么会讨厌你呢，你是我最爱的孩子啊！"

学员 C：孩子都是有感恩之心的，父母只要学会爱孩子，就能和孩子之间有爱的流动，就能建立良好的亲子关系。

2. 不讨好

不讨好就是家长不要没有原则地溺爱孩子，要对孩子不合理的要求坚定地拒绝，当然拒绝一定是不带情绪，进行真诚的表达。在实施过程中，父母要学会表达情绪，而不是带着情绪表达。父母要知道孩子对于父母的情绪是很敏感的，孩子能够感知得到。因此，父母要抓住事情第二，情绪第一的原则，不然孩子就会抓住父母的软肋一直索要好处。父母更不能刻意地讨好孩子，当然孩子合理的需求应该给予满足。

◎ 案例

学员中有一位家长为了搞好亲子关系，把自己的银行卡密码给了孩子，结果孩子一次性花了家长几十万去买游戏装备，这就是家长的没底线。我们当然可以给孩子钱，但一定要有限度。对于那些爱苦苦哀求孩子的父母，这种行为不可取。

3. 不"诅咒"

很多父母习惯性担心，习惯性对未来充满恐惧。父母带着焦虑、恐惧和担心面对孩子，这就是对孩子的"诅咒"。很多案例表明父母越是担心的事，就越容易成真。因为父母的负面情绪就是对孩子的"催眠和心理暗示"，那么最后一定会"心想事成"。记住：孩子不是你口中的孩子，但是会成为你口中的孩子。

父母的负面情绪和负面思维大都是对孩子的"诅咒"。孩子已经有了偏差行为，孩子内心也会着急，这时如果父母也跟着着急，那就会对孩子造成更大的影响。父母在帮助孩子的时候，一定要尊重规律，摆正心态，避免存有"一锄头挖一口井”的急功近利思想。

4. 防止父母和孩子不在一个频道上

不要总想着孩子的问题，孩子的问题，就是给父母机会去学习成长的。父母要把问题当成学习的好机会，但要防止父母的想法和孩子的想法不在一个频道上。下边就是父母与孩子的不同想法。其实父母的想法很简单：“孩子什么时候能够听话、懂事？”而孩子的想法却很多，如“怎么避免被同学孤立、霸凌？”“痛苦、焦虑怎么办？”“怎样才能让父母理解我的痛苦？”“情绪总是容易崩溃怎么办？”“什么时候才能独立，离开父母？”“怎样才能更好地与父母沟通？”“人际关系怎么处理？”“什么时候才能不再听到父母的唠叨？”“爸爸妈妈的关系什么时候能好点？”“如何才能坚持自己的兴趣？”等。

当父母和孩子完全不在一个“频道”的时候，孩子只会远离父母，内心会更加封闭。当父母把焦点放在如何疗愈孩子的内心、如何与孩子建立爱的流动、如何搞好亲子关系而不去关注孩子问题的时候，孩子就能快速地好转。教育孩子的核心是父母的自我教育，特别是父母能够放下家庭教育“六把刀”，这对孩子的好转具有很强的推动力。

◎ 案例

学员：4 月以来我一直很焦虑，不停地对孩子唠叨，孩子又开始了对抗，丈夫也有很多的不满。后来仔细反思了自己，自从开学以来，爸爸因为孩子的作业总不能按时完成或没做便不再管孩子的学习了。学校的签字和要求便落在我身上，我以前从事财务管理工作，一贯的严谨和责任使我养成一丝不苟和要求完美的性格。看到孩子磨磨蹭蹭，没有时间观念时我便焦虑心急，总在催促，最后孩子期中考试考砸了。我前天发微信给爸爸，夸赞爸爸，讲了孩子对爸爸是依赖的，我意识到自己性子急不适合管孩子学习，并与爸爸约定我唠叨时马上给我暗号，同时我们和班主任及语文老师沟通，通过家校联合来帮助孩子。况老师说过女性一定要回归本位，现在我管理好日常生活，爸爸帮助孩子找到学习上的信心，孩子这星期也开始了上学，放学骑自行车，晚上学习的中途出去跳跳绳，她的学习劲头渐渐上来了。女儿变得阳光起来，家里的气氛也轻松和谐了许多。父母真的要放下头上“六把刀”，尊重孩子、理解孩子、不控制孩子、信任孩子，我相信孩子会越来越好。

六、爱是深深的理解和接纳

学会“贴着”孩子。“贴着”孩子的感觉，是一种非常重要的陪伴方式。这种感觉就是无论孩子怎么样，父母只是跟着孩子的思想，过程中给予孩子温暖和理解，不对孩子作任何安慰和指导。特别是当不知道如何面对孩子的时候，父母最好的办法就是“贴着”孩子的内心去沟通，去行动。有偏差行为的孩子，会经常出现情绪不稳定的状态，这时，孩子的思想是起起伏伏的，甚至会有一些迷茫和无助，当孩子拿不定主意或需要向父母倾诉的时候，父母就可以运用“贴着”孩子的陪伴方式。以这样的方式面对孩子会比较安全，也不会引起孩子更大的情绪。

“贴着”孩子的感觉具体实施方法如下。

1.“不求不助，不问不答”

如果孩子没有主动提出要求，父母就不要帮忙。父母不用主动去询问孩子，而是等待孩子主动寻求帮助。当孩子不问父母的时候，父母也不回答和建议。父母保持这样的状态，就能很好地“贴着”孩子，既不容易犯错，又能恰到好处地支持孩子。

要强调的是，“不求不助，不问不答”，并非亲子关系界限的僵硬，在运用的时候，父母该做的事，还应正常去做。

2.“有求必应，有问必答”

孩子如果有需要的时候，父母可以在原则内尽其所能去帮助孩子，如果行动上无法解决的事情，父母可以在情绪上给予帮助。孩子如果向父母求助，父母就可以去表达自己观点，回答的过程一定要陈述事实，不要带上任何攻击性的话语。

要强调的是，孩子有求于父母的时候，父母要保持情绪稳定，不要唠叨与说教。“有求必应”的过程是长期的，很多时候孩子会有一段时间没有求助，父母需要耐心等待孩子，在等待的时候除了多学习，让自己成长，也要维护好夫妻关系，一旦孩子觉得父母的关系更好时，孩子就会放松自己的心情，同时会有安全感和归属感。

3.“大事不激动，小事多鼓励”

对于有偏差行为的孩子，父母要经常换一个思维与其相处。这时的孩子，无论是情绪还是内心的状态都是十分敏感的，因此父母的一举一动孩子都能很快感受到。为了不给孩子增加新的压力，父母要学会内心收敛，用反向思维来激励孩子，这样就会起到出其不意的效果。

“大事不激动”即当孩子的表现有很大的进步时，父母就要以一种平常心对待。不要去过分地表现自己的开心，不然以孩子敏感的内心，会认为父母的高兴和自己的进步有关。当孩子这样认为之后，孩子就会有压力，那如果自己不进步了，父母是不是又不高兴了。因此父母的反应非常重要，当孩子取得较大的进步时，父母简单反应，孩子就不会有过度的反应。

“小事多鼓励”即当孩子有一点点进步的时候，父母就要多给孩子鼓励。因为孩子做好一件小事情，是很简单的，这不会让孩子有太大的压力。孩子一天可以在无数的小事情上有较好的表现，这时父母的看见和鼓励，就能增加孩子的信心，让孩子更有动力。

4.“整存零取”逐渐递增的教育思想

面对有偏差行为的孩子，父母不能像往常一样，可以随意对孩子下达指令。这时的孩子往往有“叛逆之心”，对于父母的指令，孩子会置若罔闻。如果父母一意孤行，可能会引起孩子激烈的对抗。因此，面对偏差行为的孩子，父母要用另一种方式，对孩子进行沟通。

“整存零取”即父母要多理解和看见孩子，当父母付出到一定程度后，就可以对孩子提出一些要求，这时，孩子会因为感激父母，而听父母的指令和建议。

所以父母要把爱放在第一位，以“整存零取”的态度和孩子相处，切记不要“整存整取”更不要“零存整取”，否则不利于和孩子相处，更不利于孩子的成长。

当我们理解了“整存零取”的意思后，我们可以在基础之上适当地逐渐递增，即可以根据不同的情况，用“整存不取”去证明我们的爱和理解是一直增加的，这样我们就不会和孩子发生冲突，更不会破坏亲子关系。

◎ 案例

学员：孩子成长的过程确实也是家长修炼的过程，我们家有一段时间连着情绪对抗，因为孩子每天迟到半小时。现在回想起来是我的问题，因为我每天早上都爱唠叨，动作慢了说、不吃早餐说、晚上不睡说，差不多半个月后我再不作声了，我只做对孩子好的事情。实施“存三取一”的方法，结果早上他爸六点五十敲了门就走了，没一会孩子就起来了，七点半准时到了学校。也没吃早餐，还是骑电动车去的，我也懒得作声，孩子饿了他会自己买着吃。他长得比我高，电动车对他也没有危险，以后只要不是违法乱纪的事情我都会让他去自己体会和尝试。我每天晚上给他留个条子让他自己看书或者睡觉，昨晚破天荒发现他 10 点多一点去洗漱，不到 11 点就睡了。我就想着以后能不能做一些事情为孩子赋能，他内心其实是渴望被认可、渴望向上的，有时可能是自己做不到而容易懊悔烦躁。孩子以前常会对我很不耐烦地说：“你别说！”现在是偶尔笑着说：“你再说噻。”我明显感觉到了孩子的变化，继续“整存零取”，给他空间和时间，不干涉。

5.“破除旧思维，增加新思维”的教育思想

面对有偏差行为的孩子，就要去“破除”固有的思想，进而植入新的观念。这个过程是十分不容易的，因为很多父母固有的思维一下子是很难改变的。这个时候，我们应先学会“贴着”自己的感受，慢慢地增加新的观念。植入新的观念并不是放弃所有原来的观念，而是让“新老观念”并存，在面对不同问题的时候，就拿出不同的观念。

“旧地图，找不到新大陆”。学习不是抱着固有的观念，而是打破自己的“舒适区”，改变不是谁取代谁。正所谓“一念放下，万般自在”，只有拥有如此心态，才能更好地面对有偏差行为的孩子。

七、孩子出现偏差行为的常见原因及解决方案

现阶段越来越多的孩子有偏差行为，让父母非常痛心。特别是近几年越来越常见。为了更好地解决这个问题，我们主要从理论、实践和具体解决方案三个方面与大家进行探讨。

现阶段比较心痛的是很多孩子出现偏差行为之后，父母很慌乱，不知道该怎么办，也不知道孩子为什么出问题。对于父母的迷茫，首先要对父母讲清楚原因，“唤醒”父母，再告诉父母具体怎么办，以便让父母少走弯路。其实孩子有偏差行为主要是受到家庭环境的影响，家庭环境代表父母的教育方式，父母都是爱孩子的，但是往往没有合适的方法，就会无意间对孩子造成伤害。正所谓：没有不爱孩子的父母，只有不会爱孩子的父母。教育也需要学习的，但是有些父母“无证上岗”，最后就会导致孩子出现偏差行为。

孩子出现偏差行为的三大重要原因如下。

1. 学习压力的影响

现在孩子面临的学习压力是非常大的，但其实最让孩子有压力的是父母。很多父母对孩子的成绩有着过高的期待，这样就会给孩子的学习带来压力，一般来讲，以下几种父母，会对孩子的学习带来影响。

（1）“期待型父母”

父母“望子成龙，望女成凤”，给予孩子很多压力。有的父母学历不高，把内心的希望投射给孩子，特别是父母没有上过大学的，就希望孩子上大学；父母工作比较辛苦的，就希望孩子能够通过考取好的学校，找到一份轻松的工作，将来改变家族的命运，所以在孩子小时候对孩子的学习有更高的期待和要求。父母把这份压力强加给孩子，就会过度关注孩子的学习，为了学习家里往往是

“鸡飞狗跳”。孩子为了满足父母的期待，带着压抑和痛苦学习，孩子内心的痛苦没处释放，一般等到初高中的时候，孩子就会对学习充满无力感，慢慢地成绩下滑，最后放弃学习。

许多父母在孩子的学习过程中已经对孩子产生了显著影响，然而他们往往并没意识到问题的严重性。通常情况下，孩子的表现似乎还属于正常范畴，有时甚至表现出色。这是因为小学阶段的学习相对简单，稍加逼迫，大部分孩子在努力之下仍能取得良好的成绩。小学阶段存在所谓的“三九原则”，即 90% 的学生在 90% 的考试中能够得到 90 分以上的分数。父母常常被这种表面的现象所误导，而忽略了孩子的内心感受。事实上，这一时期一些孩子可能已经出现了明显的厌学情绪，但父母或未曾留意，或简单地将孩子贴上“懒惰”的标签。还有些父母认为这些都是孩子成长中的正常现象，相信孩子长大后会逐渐理解并自行调整。然而，在这种被动学习的背景下，一旦进入初高中，随着学习难度的增大，孩子面临来自学习、教师和父母的三重压力，极有可能最终导致崩溃。这种崩溃通常发生在初高中阶段，少数情况下会延续到大学期间。

（2）“不甘型父母”

有些父母自身的条件比较好，能力比较强，事业做得比较好。优秀的父母往往希望自己的孩子也优秀，就会把这份期待投射给孩子。父母因为自身条件可以，有很高的学历，所以喜欢直接为孩子辅导作业，过程中因为情绪不稳定，最后父母与孩子彼此都痛苦万分。父母为了培养优秀孩子不惜一切代价，比如打骂孩子、控制孩子、逼迫孩子等，孩子在这样的状态下，小的时候没有对抗能力，没有独立的思想也只能听父母的。于是孩子带着压力学习，往往小时候无论是学文化课还是学习艺术，孩子都可以应付，在应付的过程中孩子能够取得不错的成绩，这个时候父母会很有成就感，其实孩子也很开心。这时孩子就成为别人口中的好孩子，老师夸奖，亲戚朋友邻居也夸奖，爸爸妈妈也夸奖，孩子生活在被夸赞的氛围里面，其实是很有成就感、很开心的。孩子甚至很崇拜爸妈，心里会想：“都是爸妈让我努力，让我拼搏，使我取得了这样的好成绩，我很开心很幸福。”孩子甚至会认为父母所做的都是“精明决定”。这个时候父母也很开心，父母也成了别人口中优秀的父母，成就感也提升了，父母越有成就感，就越要逼迫孩子优秀。但部分孩子在六年级之前还不会出现问题，可到了初高中问题就严重了。因为压力越来越大，孩子情绪积攒到初中基本上就爆棚了，再加上青春期的情绪混合在一起，导致孩子到初高中就崩溃了。这时，父母会发现孩子明显的厌学、叛逆、对抗、对学习没有兴趣、提不起精神、手机成瘾以及持续的请假等。

一些孩子可能将内心的压力积压至高中阶段，而有些则可能持续到本科甚至研究生阶段，有的甚至延续到职场。这种情况通常缘于孩子对自己设立了过高的要求和标准。在职场中，这种内在的高压使得孩子面临巨大的工作压力和复杂的情绪，而缺乏适当的缓解和释放途径，最终可能因无法承受这种痛苦而导致工作能力的丧失。因此，当父母对孩子的学业成绩持续保持高期望时，孩子内心的压力不断积累，最终容易发展成问题。孩子从小在父母的逼迫下努力学习，虽然成绩优异，常居榜首，但这种压力随着成长不断积累。无论是在初高中、大学，还是步入社会，孩子总是努力成为最优秀的人。多年如此，终至情绪崩溃，能量耗尽，这便是根本原因。如果孩子从初中开始表现出叛逆和厌学，实际上可能是一种释放压力的良机。如果不是这样，孩子将带着这份压力进入大学甚至职场，一旦出现问题，恢复所需的时间将更长。

“不甘型”父母教育出来的孩子长期在父母的逼迫之下，内心已经内化了父母的“学习唯一论”。孩子内心不能降低对自己的要求和期待，但现实又很无力，孩子的内心有极大的冲突和无奈。孩子内心的负面思想不解除，就不能够重新接纳自我，就很难好转，这样的孩子出现问题之后，父母就会对孩子讲：“无论考多少分都无所谓，只要上学就行了。”其实这个时候父母是没有办法了，只能无奈地接受现实，所以降低对孩子的期待（父母这样的说法就是对孩子的负性期待，在孩子的意识里，成绩好，爸妈是爱我的；成绩不好，爸妈只能无奈地降低期待，证明我就是一个失败者）。父母不知道这样的沟通对孩子是无力的，而孩子感受的是：“父母看不起我了，父母开始放弃我了。”孩子内心可能充满痛苦和不甘，很难接受父母的建议。多年的学习成就使得孩子已形成自我逼迫的习惯，并深信只有优异的学业成绩才能确保美好的未来和人生。这种思维模式已经深深植根于孩子的内心，因此孩子会不断地逼迫自己。这样的孩子通常难以接受自己的现状，关键在于，要让这种孩子重新站起来，需要巨大的力量。这股力量需由父母通过学习，来重新塑造孩子的人格和思维，建立新的认知框架，并重新给孩子赋能，使孩子能够脚踏实地找到自身的定位。

◎ **案例**

学员 A：孩子小学、初中非常优秀，周围都是鲜花、掌声和奖励，但进入高中后孩子就感觉吃力了，尽管付出全部努力，还是赶不上别人。孩子力不从心，但又接受不了平庸，再加上觉得辜负了父母的期待，渐渐有了愧疚心理。这样一来，孩子压力越来越大，承受不了只能选择逃避。这时候我们要看到孩子的努力和困境，我们要做的是帮助孩子解压，首先我们要降低对孩子的要求和期待，然后帮助孩子正确面对不如意以及与别人的差距。我们不要与别人比，如果非要比，那就与自己比。俗话说："人比人气死人。"日子是自己过，学习也是为自己，没必要去与别人比。降低对孩子的要求，只有让孩子过得轻松，他才会快乐，才会热爱生活！一个整天压抑的孩子，怎么可能开心，怎么能有动力学习呢？

我们做父母的，首先要学会接受自己的孩子是普普通通的平凡人，平平常常生活学习，允许孩子不如别人，允许孩子犯错。每个人都有这样那样的问题和不足，这又有什么关系呢，这就是普通人本来的样子。

学员 B：××姐好久没见，感觉比上次见你时能量提高了很多，这是火箭的速度哦，你是如何做到的呢？

学员 A：哪里哟，只不过学会放下，不再执着于孩子、学习、丈夫而已，放下执念，就会轻松很多。

学员 B：给儿子和丈夫解绑，为自己解绑，这是非同一般的格局，值得干一杯祝贺。

（3）"暗示型"父母

"暗示型"父母并没有像上述的父母一样，对孩子的学习有直接的逼迫，也并没有“鸡飞狗跳”，甚至还没有一般父母对孩子的学习要求高。但是孩子最后还是出问题了，这种类型的父母在孩子出问题之后，往往会非常迷茫，但他们并不知道自己对孩子进行了“非常强烈的暗示”。这种影响不比上述的压力要小。孩子都是有上进心的，如果父母不刻意逼迫，孩子都会按自己的节奏成长，一旦父母强行逼迫孩子，孩子就会给自己很大压力，这就不利于孩子的学习。

很多父母没有直接逼迫孩子，但会间接性逼迫。他们会在孩子面前无意识透露一句话：“学习对未来和工作影响很大，没有好的学习成绩，以后就会很困难。”这些话是没有错的，但是父母刻意去讲，就会给孩子带来影响。这种父母往往事业做得不错，甚至对事业追求完美，尽管没有刻意地逼迫孩子，但自身的完美主义在影响着孩子，孩子就会感受到：“如果我不和爸妈一样努力，爸妈就可能不会欣赏我。”这样的父母往往都是很优秀的类型，他们身边的亲戚朋友也会无意识地在孩子面前传播：“你的爸妈都那么优秀，那你肯定也不差呀！”当孩子听到这样的评价之后，就会有很大的压力，就要逼自己优秀，不然潜意识里不配做父母的孩子。

（4）“随大流型”父母

这个词是一位妈妈的口头禅，第一次和她沟通的时候，我说：“你是不是对孩子学习要求很高？”她当时立马就反驳我：“我真的没有对孩子要求高，孩子无论考多少我都不生气，甚至还安慰孩子没有关系。我对孩子的学习成绩就是‘随大流’，孩子只要能完成学校的作业，能正常上学就行了。”这样“随大流”的妈妈，其实是很多的，表面看起来并无任何问题，但其实问题很大，只是“随大流”的父母看不到这里面的问题。

这种“随大流”的父母往往会认为自己的要求低，但这仅仅是自我感觉。“随大流”就意味着要自己的孩子和大部分的孩子一样，这看起来简单其实很难，因为想成为普通大众也是需要一定付出的。父母都不希望自己的孩子是被社会淘汰的那个，父母希望孩子能“随大流”这无可厚非，但父母要知道“随大流”其实已经是很高的要求了。想一想，一个孩子能够保持在班里中等成绩，其实也是要付出很多的，并不是不努力就能保持中等的。就像父母想把工作做到“随大流”也要付出很多一样。当我和这位妈妈沟通的时候，她说：“不在意孩子成绩，只希望孩子能够按时完成学校的作业。”于是妈妈对孩子的作业盯得很紧，这就导致孩子和她一直在情绪对抗。就这样，妈妈和孩子为了作业经常冲突，孩子自然也就感觉到妈妈其实是在意作业的。孩子的想法是：妈妈在意作业就等同于妈妈在意学习。这就导致为了作业，亲子之间经常会发生不愉快，久而久之孩子对作业就会有厌烦之情。当一个孩子开始不想写作业的时候，就是厌学的开始，当孩子厌学后，往往随之而来的不是理解而是父母更大的打压，在这种情况下，孩子会更加厌学。

以上四个方面就是孩子厌学的原因，父母可以观察一下，只要孩子厌学了，往往至少有一方面甚至多方面符合。无论孩子是属于哪一方面，想要孩子重拾信心，就要让孩子重新面对学习，这是父母需要努力的部分。在一些案例中发现，尽管孩子已经厌学了，但父母还没有放下对孩子学习的执念，虽然和过去相比降低了期待，但对于当下，还是有很高的期待。还有的父母看起来接纳孩子了，实际上只是一种接受，无奈地接受而已。父母内心的执念和情绪一直都在，表面的接受都很难支持孩子，只会让孩子更加痛苦。这个时候父母首先要发自内心地接纳孩子，但根据经验来看，很多父母无法真正接纳孩子。

这主要原因在于父母无法完全接纳自己。当父母经过成长，能够完全接纳自身及其子女时，便能够增强孩子的安全感与自信心。随着孩子社会功能的提升，他们将具备重新面对学习挑战的力量。除了父母的变化之外，还需关注另一点：孩子的固化思维可能导致他们对自我要求过高。尽管父母可能表达出学习并不重要，但孩子却可能仍视其为重要，人生中最为艰难的是无法原谅自己。在这种情况下，父母需要真正地重新审视孩子的学习问题，自我修炼，并从接受走向真正的接纳。一旦这些问题得到解决，孩子便能自行清除固化的思维，并能重新起航。

2. 人际关系出了问题

我们发现很多孩子有偏差行为之后，往往是人际关系出了问题。以下是三个案例。

◎ 案例 1

有个孩子在学校里面看不惯同学讲脏话，同学只要讲脏话他就很烦躁，就要纠正别人，于是同学就会攻击他，他屡屡为此受伤。孩子看不惯别人说脏话，是因为这个孩子受到家庭教育的影响。深入了解才知道，他的爸爸妈妈就是很传统的父母。他的父母从小就教育他一定不能讲脏话，孩子一旦不听，父母就会暴力教育，这给他的心理留下了“阴影”。在这样的环境中，这个孩子就把说脏话的人视为“洪水猛兽”，孩子认为讲脏话的人是没有素质的，讲脏话就是不对的，因此这个孩子从小就不说脏话。然而，在学校中，由于许多同学说脏话，他无法容忍并试图纠正他们，为此，这常常导致同学对他进行攻击，使他感到极大的痛苦。他困惑地思考：我在帮助别人，为何还会受到伤害？实际上，孩子的出发点并没有错，问题在于，他在“过度纠正”同学时，可能会激起同学的情绪，进而容易引发冲突。此外，这个孩子也有与教师顶撞的倾向。当教师提出一些他认为不正确的观点时，他便会反驳。这是因为他感觉到教师的观点与父母的教育理念不符，因此他会与教师发生争执。在这种情况下，孩子经常与教师和同学发生冲突，久而久之，可能导致他在班级中被孤立，从而难以继续学习。

◎ 案例 2

有一个孩子经常头疼，老师只要声音大一点就头疼，原因是孩子的爸爸妈妈说话声音很大，孩子一直其实很害怕（从小有这种经历的孩子，长大后就容易对大声很敏感）。等到上学后，学校的老师只要大声说话，孩子就很容易烦躁，很多时候会用双手捂着耳朵，很是痛苦。

这样的问题很常见，很多孩子在学校里面与教师处理不好关系，与同学处理不好关系，甚至很多孩子长大后到单位里面与领导也处理不好关系。这些孩子之所以这样，都是因为心里有很多压抑的情绪没有释放，压抑的情绪导致了很多扭曲的思维，孩子的思维是情绪压抑之后的错误认知，孩子用这些认知要求自己要求别人，当别人与他不一样时，他就攻击别人。通过多年的研究，可以得出的结论是：孩子的人际关系就是和父母关系的投射，孩子和父母关系好，孩子就会处理人际关系，如果和父母关系不好，孩子就会卡在人际关系方面。

◎ 案例 3

有一个孩子在原生家庭里，他的爸爸妈妈总是控制、指责，对孩子讲话很大声。孩子往往就会压抑自己，结果变成讨好型人格。不仅讨好爸妈，还讨好教师，讨好同学。这样的状态让孩子很压抑、很受伤、很痛苦。一般来看讨好型的人会吸引很多人来伤害他，因为自己没有边界，别人就容易伤害他。伤害他的时候他又不敢反抗，只能向内攻击自己，久而久之就容易崩溃，最后只能够逃离人群。

这些案例都是常见的情况，当孩子在人际关系里面长期出问题时，孩子就很难融入环境。

解决办法就是要从家庭入手，人际关系有问题的孩子，往往家庭里面的父母不善于沟通，不善于走心，不善于处理孩子的情绪。孩子从小与父母没有建立平等和善的沟通。父母很少与孩子处在对等的状态，没有真正地尊重孩子，也没有真正地理解过孩子，更不会处理孩子的情绪。孩子情绪长期压抑，导致孩子根本不会与别人建立有效的沟通，不会与别人相处。建议父母首先要学会与孩子有效地沟通以及有效地处理情绪，要真正地理解孩子，并与伴侣建立有效的沟通，让爱流动，只有在这样的氛围之下，孩子才能够真正地学会有效地相处，才能够与他人建立友好的人际关系。

3. 家庭环境的问题

妈妈焦虑 + 爸爸缺位 = 孩子失控。大多数家庭以妈妈带孩子为主，妈妈带孩子是很辛苦的，除了工作，还有很多烦琐的事情要做，因此妈妈就很容易焦虑。另外，女性天生更容易焦虑，林文采博士说女性的感受能力是男性的 16 倍，因为男性大都是逻辑型的，同样的一件事情男性感觉还好，但女性就很容易焦虑，女性焦虑了，就会把焦虑的情绪传递给孩子，孩子长期吸收焦虑，也会容易变得焦虑不安。

而父亲大多数都是“缺位”的。父亲“缺位”造成的第一个重要影响就是让妻子更焦虑。丈夫不在，妻子就更容易焦虑。父亲“缺位”，就会和孩子关系疏远，孩子成长的过程中一定要有父亲的参与，如果父亲不参与，男孩子就容易变得没有“男性味”，长期接受妈妈的教育就会变成“妈宝男”，女孩子就容易变成“女汉子”，像妈妈一样变得焦虑、强势和控制。父亲“缺位”不仅对妻子造成影响，对孩子也会造成重大的影响。无论是男孩还是女孩，与父亲的关系不佳都可能对其未来产生不利影响。

如果父亲长期不在家，妈妈一个人带孩子，就会有很多的抱怨，会在孩子面前抱怨丈夫这不对、那不对。如果妈妈经常在孩子面前抱怨丈夫不好，孩子也会对父亲有很多的情绪，就会影响孩子和父亲之间的关系。

妈妈越焦虑，父亲越“缺位”，孩子就越失控，孩子的问题就越多。更重要的是如果父亲“缺位”，孩子就很容易陷入拯救的模式中。当妈妈一个人很辛苦的时候，抱怨的时候，孩子就会拯救妈妈，孩子拯救妈妈就相当于“错位了”，孩子站在父亲的位置去拯救妈妈，这种孩子往往会显得成熟、懂事，真相就是因为孩子“错位了”，变成妈妈的“丈夫”。一个家庭里夫妻关系是第一位的，如果夫妻关系不好，亲子关系也会受到影响。解决这个问题需要从以下两个方面做起。

一是父母要先放下焦虑，再放下内心的控制。

二是要去解决内心的扭曲思维。很多的扭曲思维影响了孩子，改变孩子的扭曲思维要先改变自己的扭曲思维。

三是要做原生家庭的疗愈。父母的关系会影响孩子，往往孩子拯救父母，是因为父母小时候可能也喜欢拯救他们的父母。这就是常见的“代际传承”。

四是学会爱自己。

五是重新经营夫妻关系，让夫妻关系变好。

六是重建亲子关系。学会给孩子赋能，学会和孩子沟通，学会处理孩子的情绪。

七是在孩子需要的时候可以给孩子做心理治疗。

父母有责任成为爱的源头，爱伴侣爱孩子。在家庭中父母为了家庭应带头去做幸福的“建设者”，努力去学习一些相关的知识，因为学习不是为了任何人，而是成为更好的自己。只有成为更好的自己，才有可能经营好家庭。

这些年我见了很多父母，在孩子有偏差行为之后，到处学习，“病急乱投医”，让人心痛不已。孩子出现这样的问题，是大家都不愿意看到的，面对这样的问题，父母应树立信心，坚定信念，通过系统的学习，是可以帮助到孩子的。系统学习之后，就是静待花开。在此过程中，父母要情绪稳定，因为只有情绪稳定，才能帮助孩子“渡过难关”。

八、解决学习问题的错误做法

有这样一则小故事：父亲发现15岁的女儿不在家，留下一封信，上面写着：“亲爱的爸爸妈妈，今天我和张国辉私奔了。国辉是个很有个性的人，身上刺了各种花纹，只有42岁，并不老，对不对？我将和他住到森林里去，当然，不只是我和他两个人，国辉还有另外几个女性，可是我并不介意。我们将会种植大麻，除了自己抽，还可以卖给朋友。我还希望我们在那个地方生很多孩子。在这个过程里，也希望医学技术有很大的进步，这样国辉的艾滋病就可以治好。”

父亲读到这里，已经崩溃了。然而，他发现最下面还有一句话：“未完，请看背面。”背面是这样写的：“爸爸，那一页所说的都不是真的。真相是我在隔壁同学家里，期终考试的试卷放在抽屉里，你打开后签上字。我之所以写这封信，就是告诉你，世界上还有比试卷没答好更糟糕的事情。你现在给我打电话，告诉我，我可以安全回家了吗？”

父亲当即泪奔……颤抖着打电话说：“女儿，你马上回家！我们不在乎你考多少分！”

面对孩子的学习问题，父母常会产生以下八个错误的想法。

一是孩子已经厌学了，还一味地逼孩子学习，无法放下对孩子学业的期待和执念。总以为再逼一下孩子，到大学就没事了，总以为孩子还不懂事，父母暂时逼一下，孩子以后会感谢自己，这种投机取巧的心态很危险。

二是花了大量的心思来激励孩子。如以钱物为筹码，企图以此刺激孩子的学习欲望，其实这些都只能产生短暂的效果。

三是找教师、同学、朋友、心理教师来给孩子做工作，企图换一种方式来给孩子施加压力，这样只会引起孩子对父母的反感，除非孩子自己愿意。

四是父母继续讲道理或给孩子制造内疚感，或故意让孩子体验人生的艰辛，以此来换回孩子的努力学习。

五是有的父母会威胁孩子，每天以泪洗面来求孩子学习。更有甚者，拿各种孩子在意的事来逼迫孩子。

六是收孩子手机，打骂、威胁（如将孩子送到各种军事或武术学校）。

七是仍然高举“六把刀”，还要给孩子找培优机构。

八是不提升爱的能力、不改变教育方式，总想通过外在压力改变孩子。

作为家长要明白，试图改变他人简直是一种“痴心妄想”，而真正的智慧在于改变自己！我们无法控制他人，因此不应期望改变自己的伴侣或孩子。每个人都固有自己的智慧，我们不仅需要以“空杯心态”来学习，还应当改善自己的行为，然后顺带通过“赋能”来引导孩子。通过以上的努力，我们很快便会发现孩子有所改变了。

九、解决学习问题的正确做法

1. 父母重新建立对学习的正确价值观，放下学习“唯一论”。价值观建立了，就不会那么焦虑了

让孩子重新面对学习，父母首先要放下“学习唯一论”，这个放下一定是发自内心的，而不是一种无奈，不然对于孩子来说都没用。父母要相信孩子已经长大，孩子有自己的价值观，有自己的规划。父母要学会无条件接纳，站在孩子的身后时刻去支持孩子，同时父母要学会做对孩子最有利的事，要让孩子真正感到在家里有归属感。这个时候父母不要对孩子说一些安慰的话，而是要学会“贴着”孩子的感觉走，只有“贴着”孩子的感觉，才能让孩子感到被理解，这样父母也不容易说错话和做错事。当父母真正地接纳了，孩子慢慢有力量之后就会接纳自己。一个人能真正地自我接纳了，很多问题也就随之解决了。

2. 发自内心地降低对孩子学习的要求，把学习的主权移交给孩子，无论孩子学习好坏都接纳，平静接受学习的起起伏伏

孩子一旦有了“学习唯一论”的思想，就会对自己有很高的要求，进而逼迫自己学习，这会让孩子面临巨大的压力。再加上孩子糟糕的人际关系，让孩子“雪上加霜”。所以孩子很多时候身心俱疲，这时，孩子短暂的没有学习动力是很正常的。父母只有作好接纳一切的准备，事情才会向好的方向发展。

其实孩子一直都知道学习的意义，很多孩子的内心一直都没有放弃过学习，但是内心真的没有动力。当孩子暂时无动力的时候，父母要能够做到无条件接纳，要学会去托举孩子的情绪，赋予孩子真正的力量，帮助孩子和学校建立一个和谐的关系，做好家校合作，为孩子打造一个合适的学习环境。

至于要不要给孩子换一个新的环境，我的建议是：如果根本问题解决了是

可以不用换的；如果根本问题没有解决，给孩子换了新的环境最后一样不适应。很多父母不了解真实情况，一味地给孩子换环境，最后都以失败告终。父母不要着急，要有针对性地去解决孩子的问题。孩子的偏差行为，无非有三个主要原因：学习压力、人际关系和家庭环境。只要父母认真学习，去改变这些问题，那么孩子都是可以成功好转的。所以父母要先个人成长，再夫妻一起联合坚持给孩子赋能是重点。

另外，孩子好转最难的一点就是人际关系的问题。所以给孩子一个好的环境是非常重要的。如果孩子确定重新学习，家长要做好家校合作，给孩子一定的空间。在这个过程中如果孩子愿意也可以让孩子提前参加一些学习组织，提前去感受一下学习的感觉。至于孩子愿不愿意参加前期的预热学习，要尊重孩子的意见。学习是孩子自己的事情，要充分尊重孩子的意愿，把他们自己的事情完全交给孩子去决定。

所以，能否取得教师的帮助是非常重要的一个环节，因此父母要学会和教师进行沟通。做好家校合作，就可以事半功倍。

家校合作的秘诀如下。

一是多和教师进行积极有效的沟通。

二是多对教师进行赞美和理解，平常多交流学习。

三是积极完成教师安排的学习任务。

四是告知教师孩子真实的情况和目前的处境，希望教师能够理解，一般教师都会理解的。

五是多在教师面前夸孩子的进步，给教师一个好印象。

◎ 案例

× 老师：

您好！我是 × × 妈妈，很抱歉孩子表现一直不好，给您的工作带来了困扰，给教学工作造成了不好的影响。一直很想和您交流下孩子的情况，但是一直没找到合适的机会。上次家长会很想与您单独沟通下，看您晚上还有课就没有打扰。

您是一位负责敬业的老师，孩子能跟着您学习是缘分更是运气，谢谢您对孩子的关爱和帮助。孩子经历疫情、中考，进入青春期后有许多的不适应，对于情绪管理、自我管理都做得不够。与同龄人相比，她在很多方面表现得不好，让老师头疼。我很抱歉，没有教导好孩子。

孩子初中阶段很听话，经历疫情、进入青春期后，孩子变化很大。我一直在反思孩子为什么会出现这些问题，有疫情的影响，也有我在过往教育中的不当影响。我是个严厉的母亲，从小对孩子的要求非常严格。我追求完美，给了孩子过多的要求和标准，不自觉地给孩子灌输了学习不优秀就没用的想法，过往岁月的教育中让孩子压抑了许多负面情绪。疫情的发生，让埋在孩子心底里积累已久的负面情绪成了定时炸弹，生活变得岌岌可危。

孩子的内心受到了伤害，对生活中的一切充满恐惧和怀疑。强迫行为、强迫思维明显，最早的时候他每天晚上要洗 30 遍手，到现在为止他拒绝在家吃饭，拒绝洗手液、湿纸巾、清洁剂等他认为不安全的物品。他抗拒这些物品的原因是，他认为上述物品中都存在让他不聪明的可能性，而不聪明意味着学习成绩下降、考不上期待的大学，那样他会失去活着的动力。在我与孩子的交流中，他经常提及如果自己表现不好、学习能力下降，他就很痛苦之类的话。作为母亲我非常痛苦、非常焦虑，心情很复杂，每天如履薄冰地生活。找了很多专家咨询，最近找到一位专业的心理医生，我们已经开始给孩子做长期心理咨询和治疗。我开始认真地学习青春期教育方面的知识，学习如何与孩子有效沟通、如何有效地化解孩子心中的不良情绪。

我知道孩子还有许多问题，学习没有达到要求，但从孩子自身来说他已经有了明显的进步。常看到孩子为了一道题目冥思苦想、靠自身能力解开问题时会开怀大笑、成绩有进步时会开心喜悦，他每一天都在进步、都在成长，这与您的悉心教育密不可分。这个学期孩子的学习与自己相比有进步，而且我看到了他想学习、愿意学习的心态，我相信如果给他时间他一定能做好。目前，孩子负面情绪积累较多，需要时间消化。请求您能否给我和孩子一些时间，一起努力克服困难，朝好的方向不断靠近。在孩子改变的过程中，很可能出现各种反复，可能依然会有作业完成不及时或者不到位的情况，我会尽全力引导。请求您给予孩子一些空间，让他成长进步。我始终相信在我和孩子爸爸的共同努力下，一定能让孩子释放心底积累已久的负面情绪，他一定能够认真地完成作业，成为一个好学生。我会尽我所能引导孩子尽快让他回归正轨，我相信孩子一定能够向阳而生。

××妈妈

2021.5.24

老师回复：收到，身心健康是最重要的，那以后暂时对他降低要求，期待孩子早日回归正轨。

给老师写信的步骤，具体如下。

（1）赞美老师，感谢老师。

（2）承认自己的教育错误。

（3）告知老师现状的不易。

（4）表达自己学习和改变的决心。

（5）表达自己愿意配合老师工作的决心。

（6）给老师希望，告知老师孩子最近的进步和自己的进步。

（7）希望老师给予支持。

当取得教师的支持之后，父母一定要注意，不要希望孩子能很快就和其他同学一样，能够快速地适应学习的节奏和状态。这个时候孩子微小的进步就是很大的成功，孩子有一个适应的过程，所以父母要去配合孩子的需求，给孩子一些空间是很有必要的。

关于家校合作，与教师建立关系是非常重要的，家长一定要引起高度的重视。教师都是很有爱心的，只要父母好好沟通，教师都是会配合的。家长大多数时候也可以动之以情晓之以理，与教师进行深入的沟通，总之真实就好，让教师实实在在体验到家长和孩子的努力。

3. 多寻找孩子学习以外的优点，支持孩子去做他感兴趣的事，因材施教建立孩子的自信

如果孩子愿意走出家门去学习一些自己的兴趣爱好，这是非常积极的行为。

很多孩子一旦走出去，例如参与绘画、舞蹈、手工艺、艺术学习、拳击训练或者拼装乐高等活动，若父母能够共同参与，将极大地促进孩子内心的成长与重建。

4. 在孩子同意且符合自身状况的情况下，换班级或换学校

很多父母在自身没有成长，孩子没有真正疗愈之前给孩子换班级或换学校，效果都是不好的。如果在孩子真正的疗愈之后，依然无法接受原来班级或学校，是可以考虑给孩子换的。

5. 建立家校合作，取得学校教师的配合

父母要学会向教师示弱，多夸教师，平常与教师建立友谊，以取得教师的配合，因为能取得教师的理解和配合是非常重要的。

6. 接受并鼓励孩子按自己的节奏学习

接受孩子按照自己的节奏学习，父母只是给孩子赋能就好。

7. 努力带孩子走出去和运动

孩子有情绪或状态不好的时候，父母可以花更多的时间陪孩子走出去，走出去就会加快孩子的疗愈速度。那些不愿意出去的孩子一般有两种情况：一是孩子有自己的兴趣爱好可以消磨时间，有的则是用手机来消磨时间，这种情况父母只是偶尔建议。二是那些不沉迷于手机的孩子，又不愿意出去的就是对父母有情绪。这个时候一定要先改善亲子关系和家庭环境，耐心等待孩子，孩子一定会慢慢好转。我们也可以先自己做榜样去运动带动孩子，事实反复证明，无论是焦虑还是状态不好，运动都是最好的解决方案之一。

8. 允许孩子做自己

父母可以做的是先接纳孩子，等待孩子的“觉醒”。父母真正地放下孩子的学业之后，孩子也一定会觉醒。将人生的方向交给孩子，移交权力并不意味着完全放弃，而是摒弃“孩子若不学习，人生就完了”的谬论。父母应始终给予接

纳和许可，让孩子们从事自己擅长或感到有价值的事情。接受内心受伤的孩子，不忘初心，并相信信念的力量。

9. 允许孩子按自己的节奏生活

孩子能量低的时候，会喜欢一个人静静待着。这时，父母要保持距离，要有界线感，这是对孩子最好的帮助。允许孩子待在自己的空间里，甚至有条件的，可以让孩子单独居住。

父母不要在自己状态不好的时候和孩子相处，这样会把自己的负面情绪传递给孩子。父母在孩子面前是“透明的”——父母的一举一动孩子都知道是什么意思。所以，当孩子捕捉到父母的焦虑，这会进一步对孩子造成伤害。父母要知道不是孩子要叛逆，而是孩子的心很痛苦，孩子需要慢慢调整。当一个人自己没有力量或痛苦的时候，是不想让别人知道自己的窘迫的，所以让孩子去保护自己受伤的内心，允许孩子暂时把自己“隐藏起来”，对孩子有正向的帮助。等到孩子自己成长后，孩子的自信得到了提升，孩子就会主动去向外人寻求一切可能的帮助。成长需要时间，无论是孩子还是父母自己，内在的创伤疗愈根本就不是一天两天的事。也不要担心孩子的身体，孩子内心受伤的时候，是顾不上身体伤痛的。所以父母也要理解孩子暂时选择伤害身体来抵消情绪的痛苦。孩子本自具足，父母要做的就是修炼自己，让自己有能量去托举孩子。坚定信念，定能云开见月明。

第二章 帮助孩子建立和谐的人际关系

孩子有偏差行为的主要原因之一就是人际关系问题，人际关系问题导致孩子无法与教师及同学正常地沟通和相处。一个孩子为什么无法与别人建立正常的社交关系呢?

我们研究发现，孩子外在的人际关系，是家庭人际关系问题的投射。通俗地讲，如果孩子能够和父母建立正常的沟通和关系，孩子就能发展出正常的人际交往能力，如果孩子和父母的沟通是中断的，那么与外在的交往也会被“卡住”。

一、孩子人际关系出问题的常见原因

1. 父母长期教育观点不一致，孩子长期内疚、自责

有些夫妻如果不涉及孩子的教育，基本上就会很少起冲突，所以夫妻关系好不好的重要标准之一就是看夫妻教育观点是否能够一致。如果父母长期因为教育观点不一致而吵架，孩子就会感觉痛苦 + 自责，就会想是不是因为自己不够好，所以才导致父母关系不好。孩子会向内攻击自己，内心会有很多的内疚和自责。甚至有很多父母会公开地表达“要不是因为你，我们早就离婚了”，或者有的夫妻已经商量好孩子高考结束就离婚。孩子在这样的家庭环境中长大，很容易压抑自己，讨好父母，案例中发现有很多孩子出问题就是因为过度讨好父母。孩子们怕成为父母的麻烦，也怕家庭破裂，所以性格就会敏感、多疑。

所以这样的孩子很难建立较好的人际关系，也很容易在外在交往中受伤。

2. 父母没时间陪伴孩子，忽略孩子，孩子内心容易自卑内向

如果父母陪伴孩子的时间很少，特别是父亲经常“缺位”，就会导致孩子的内心长期孤独，长期感觉自己不被爱，自己不够重要，孩子的内心很容易变得自卑和内向。

3. 父母不会处理孩子的情绪，孩子常年自我压抑，不会表达情绪

孩子成长的过程中会遇到很多很多的情绪，父母如果不会处理孩子的情绪，孩子就会长期压抑自己。这种问题是非常常见的，很多父母擅长讲道理，不会共情，不会爱的语言。很多时候忽略或不会处理孩子的情绪，这个孩子就很容易在人际交往中压抑自己，或者经常情绪不稳定去伤害别人。

◎ 案例

有一个孩子从小总是被同学欺负，每次妈妈知道后，就告诉孩子：“你是男子汉要坚强，不要动不动就哭。别人总欺负你肯定是你喜欢惹别人，所以要多反思自己的问题。”结果孩子只能长期压抑，这些压抑的情绪并没有“消失”，全都“储存”在孩子的身体里。这些情绪会在未来的某个时刻突然释放出来。通常来看，这些压抑的情绪会在青春期爆发。由于青春期的孩子本就容易情绪化，加之之前积累的情感问题，青春期过后，他们的情绪尤为暴躁，常因细微之事引发极大的情绪反应。这种过度的情绪压抑往往会导致“扭曲的思维”，使他们在人际交往中容易受到伤害。

比如，有时候同学开个小玩笑，孩子就会认为这是在侮辱自己；教师强调班级制度，孩子会认为这是在针对自己；学校不让带手机，孩子会认为这是针对自己；当路人朝孩子一笑，孩子会认为这是在蔑视自己。总的来说，孩子总会感觉到整个世界仿佛都在对自己不利，因此会变得愤世嫉俗。这使得他们在人际交往中频繁受挫，深受伤害。

4. 教育太严厉，喜欢挫折教育，不会赞美，孩子长期内心自卑

有些父母总担心，对孩子太好，孩子会没有承受力。总认为让孩子多吃点苦，孩子以后就能有抗压能力，就能够更好地适应社会。于是在教育中，时常会故意给孩子制造出很多的“挫折”，即使孩子做得再好，父母也是故意视而不见。最后“挫折教育”，只剩“挫折”，给孩子造成了极大的伤害，使孩子形成了胆小、自卑的性格。

其实，父母想培养孩子的抗压能力只要给孩子正确的爱就行了，孩子只有内心有爱，才能“战无不胜”。如果内心无爱，表面再坚强最后都是不堪一击的。记住：真爱不会让孩子变得脆弱，真爱是没有任何副作用的！

◎ 案例

有一位高管父亲，从孩子小时候，就开始对孩子进行“挫折教育”。孩子小时候各方面都非常优秀，父母都很开心，沉醉在成功的喜悦之中。但父母忽略了孩子内心压抑的情绪，结果到了青春期之后这个孩子突然告诉父母，自己好像是焦虑了，最后孩子就开始叛逆。

5. 情绪不稳定，长期接受焦虑，孩子恐惧胆小没有安全感

情绪会自上而下地传递，当父母焦虑的时候，焦虑的情绪也就一点一点地在“流向”孩子。这些情绪都会影响孩子的身心健康，最后孩子会变得恐惧、胆小，不敢与外界接触。

6. 和父母相处的两个极端，要么自卑，要么自我

父母对孩子教育太严厉有两个后果。

（1）孩子会彻底压抑自己，讨好父母，然后在人际关系中讨好同学和教师，最后会更加痛苦。

（2）孩子只会一味地学习父母，在人际关系中不知如何与别人相处，无法建立和谐的人际关系。

◎ 案例

有一位妈妈，因为自己太过自卑，所以总是对孩子有很高的要求，从小对孩子的各方面要求都非常高。孩子在小时候只能被迫接受，压抑自己，所以在人际关系中一直处于讨好同学的状态，导致经常被同学欺负。结果这个孩子有一天终于忍受不了，就选择开始报复。最后同学都怕他，在这种情况下这个孩子感觉自己很有价值感。无论谁对孩子做工作，这个孩子都不听，最后孩子很难和别人建立和善的沟通。要想解决这种问题，只能是父母先学会和孩子和平相处，同时父母也要改善互动模式给孩子做榜样。

7. 孩子有很多负面思维需要转正

人际关系有问题的孩子，往往都有很多的负面思维在影响自己。例如：教师太严厉、制度太严格、同学太刻薄、人心太黑暗、学习无用论、人生无意义等很多的负面思维。这所有的思维都来自内在负面情绪的影响，若想帮助这些孩子转正思维，首先要做的就是处理情绪，孩子只有情绪释放之后，才会有理智，这个时候再告诉孩子道理，或者带着孩子去理解别人，去换位思考。

同时更重要的是，父母要和孩子保持正常的亲子关系，并与伴侣建立有效的沟通，一起给孩子做榜样。在这样的环境中生活的孩子，其改变速度因年龄的不同而异。通常来说，年龄越小，改变的速度越快；相反，年龄越大，改变的速度越慢。

二、纠正孩子“扭曲思维”的办法

情绪决定思维，思维决定行为，行为决定结果。

孩子们常会表现出许多负面思维，例如，认为教师过于严厉、制度过分严格、同学行为尖酸刻薄，怀疑学习的价值，认为人生无意义等。这些消极观点仅是表象，其核心在于背后长期被压抑的情绪。正是由于这些负面情绪的反复作用，孩子们才逐渐形成了这种扭曲的思维方式。

孩子们常有许多负面思维，比如一个孩子极度反感班级的制度，认为班主任的管理过于严格，因此产生了强烈的抵触情绪。父母可能觉得这并不是什么严重的问题，认为孩子过于敏感和脆弱。因此，他们责备孩子，强迫孩子接受这种状况。最终，这个孩子变得极其愤怒，既不接受父母的建议，也不愿意接受班级制度。

那孩子不能接受的真正原因是什么呢？我们发现当一个孩子从小被过多地管控、干涉，孩子就会积压很多负面情绪。比如：孩子不想吃饭，父母就非要逼孩子吃；孩子不想早点睡，父母就逼迫孩子早点睡觉；孩子不想培优，父母就非要强行给孩子报补习班；等等。每一次看似很小的问题，都会产生负面情绪，负面情绪长期积累，就形成了痛苦的记忆，进而藏在心里，随时可能爆发。所以，当教师严厉的时候（在这里不评论教师的对错），那些没有痛苦记忆的孩子，就可能会痛苦。这些有痛苦记忆的孩子，就会瞬间勾起曾经的负面情绪，从而感觉非常痛苦，孩子的理智虽然告诉自己要接受这种规则，但在情绪上却根本接受不了，所以只能选择逃避。

在这种情况下，如果父母不能理解孩子，认为孩子所述的问题微不足道，甚至仅从理论上对孩子进行教育，孩子通常不会采纳这些意见。这样做只会增加孩子的痛苦，使他们更加封闭自我。一些案例显示，孩子扭曲的思维根源于长期的负面情绪积累，因此，改变思维的前提是先处理孩子的情绪。如果不先处理情绪，直接尝试改变孩子的思维，将会非常困难。

三、释放孩子负面情绪的办法

1. 父母的道歉、感恩、敬畏

孩子最生气的不是父母“伤害”自己，而是“一边伤害一边又抱怨孩子”。无数的案例证明当父母能够真心地道歉，真心地改过，孩子都会很开心，也会很快地原谅父母，所以勇敢地和孩子道歉，这是改善孩子情绪较快的方法之一。

（1）道歉

父母可能不经意间对孩子的情绪产生了影响。对此，父母应该真诚地道歉，并承诺不再重复同样的错误。同时，可以通过详细描述相关情景来增强表达效果，这些描述越丰富、越具体越好。父母可以寻找合适的机会向孩子表达，或者通过文字来进行表述。

例如：孩子，妈妈在你小时候一味地逼迫你学习，妈妈认为那是对你好。现在才知道对你造成了影响。妈妈知道错了，正式向你道歉。

◎ 案例 1

学员 A：姐妹们好，我给孩子写的道歉信，大家帮忙看下咋样？亲爱的儿子：妈妈看到前段时间你感到很累、很烦闷、很迷茫、很无助，甚至一度觉得自己几乎没有能力面对今后的学习生活。你觉得这一切都是爸爸妈妈的错，每次想到爸爸妈妈由于不理解你而给你造成的那些伤害，很生气、很委屈，也很愤怒，这些情绪一直困扰着你，让你无法集中精力学习，虽然你拼命想好好学习，但又觉得缺乏动力与能量，就像电池被耗尽了电量，所以你选择回家来充电疗伤。

这一切妈妈都看在眼里疼在心里，同时妈妈也感到很欣慰。

首先，你选择回家说明你把这个家当成了港湾，是依赖也是信任。感谢你的依赖与信任，让爸爸妈妈重新反省自己，对以前因为不懂你而给你带来的伤害感到深深的自责，我们下定决心学习、改变，以后无论是对你还是对弟弟都不会再犯同样的错误，要给予你们足够的信任与尊重，成为你们兄弟俩成长过程中的依靠而不是绊脚石。

其次，你的做法是聪明的。你那个时候的状态就像一匹负重的马，除了学业的压力外，还要背负着心理包袱、精神包袱前行，那肯定要被压垮的。你选择停下来做调整，本身就是很理智很有勇气的行为。而且不光是你自己做调整，你也用这样的方式提醒爸爸妈妈需要调整。妈妈特别能理解你，你最生气、情绪最崩溃的那一刻其实是你最痛苦无助、最需要关怀的时刻，那个时刻妈妈真的好心疼、想抱抱你啊！在你最难熬的那段时间，你都没做出太出格的事情，只是把自己关在房间里默默地自我消化情绪，努力调整状态、恢复能量。妈妈知道那段时间你纠结了好久，也思考了很多，这些都是痛苦的经历，但我看到你的情绪越来越稳定、能量越来越足，你冒着酷暑炎热去打羽毛球、你和同学出去散心、你用坚强的意志力控制饮食保持身材，妈妈真的很佩服你的毅力和自我调节的能力。你如此努力，请你也要相信爸爸妈妈一定也会拼尽全力跟上你的脚步，无论发生什么事情都无条件支持你、尊重你，与你共进退，陪伴你穿越黑暗走向光明。

所以，亲爱的儿子，未来的路，请你抛开一切思想包袱，轻装上阵，你只管往前走，无论好与坏、成功或失败，爸爸妈妈都会在你身后爱你、支持你！这个家永远永远是你最温馨的港湾！

这封道歉信写得很好。主要是为了忏悔过去对孩子的伤害行为和言语。信件的结构为结论、具体事例、家长当时的“痛苦”与“需求”以及现在的想法和感受。

以“惩罚孩子”为例。亲爱的儿子/女儿：爸爸妈妈曾经打过你，对此我们真诚地道歉（结论）。还记得你一年级的时候，因为考试只得了80分，我竟用脚踹了你一下。你当时还那么弱小，被踹倒在地上，痛得痛哭流涕。我当时不仅没有安慰你，反而还恶言相向，批评你：“这么多错误，比猪还笨！”当时的我只是想着这样可以让你记住教训，以后更加努力学习。但现在回想起来，自己真是愚蠢至极。你那么小，成绩不好你自己比任何人都难过，你一定非常恨我们吧！对不起，我当时应该和你一起面对困难。

如何向孩子道歉是几乎每位父母都会提出的问题。许多父母在意识到自己的教育方式错误后，都认为应向孩子表达歉意。父母们相信，一旦道歉，孩子的情绪就会得到改善，因此他们迫不及待地想要这么做。事实上道歉只能部分缓解孩子的情绪，在道歉之后，孩子会继续观察父母的言行是否一致——父母是否能践行其道歉中的承诺。如果暂时做不到，最好不要急于道歉，否则可能会加剧孩子的不满情绪。

父母总想赶紧道歉其实是缓解自己的内疚，同时也希望孩子快点原谅自己。其实这些做法并不完全正确，父母过于着急去道歉，有时候会适得其反，因为父母根本没有考虑孩子的感受。父母要看孩子是否需要道歉，孩子会不会因为父母的行为而产生更大的情绪。

对于很多刚开始学习的父母来说，大多数处于“开悟”的状态，意识到自己教育的问题之后，就会对孩子产生巨大的愧疚之情，甚至整天哭哭啼啼，能量极低。在这种状态下，还要每天纠结于该怎么和孩子道歉、该怎么弥补孩子，这都是打着爱的名义来控制孩子。这样的方式过于猛烈，不仅不会对孩子有帮助，甚至还会吓到孩子，对孩子造成二次伤害，因为强行道歉和疗愈也是一种控制，这是一种更为隐蔽的控制。父母是要改变，但不是强行拉上孩子，而是要按节奏成长自己。

父母是否需要向孩子道歉，需要从以下六个维度来考虑。

一是孩子的内心状态。一般来说，孩子在倾诉痛苦时，大多只是情绪发泄，父母看见并理解就可以了。但是很多父母容易掉进孩子的情绪里，习惯性地给孩子建议和方案，并没有理解孩子的感受。爱是深深的理解和看见，当父母不理解孩子的时候，孩子便会更暴躁。

二是孩子的心情。以下三种情况，父母可以尝试和孩子道歉：①孩子处于情绪稳定的状态。②孩子处于很高兴的状态。③孩子愿意和父母沟通的时候。父母切记不要为了道歉而道歉，那是不合适的，很多时候父母道歉并不是为了孩子好，而是不顾孩子的感受去缓解自己的内疚和自责。

三是道歉的内容。父母在道歉的时候，切记不要简单粗暴地道歉。例如，有很多妈妈都有一个疑问：过去是我的错，我也给孩子道歉了，为什么孩子还不好？真相是：创伤是需要慢慢修复的，一次伤害需要多次疗愈。

四是道歉的形式。可以直接认错道歉，或是只表达歉意。道歉时候就只是说自己的错误，不要添加希望孩子原谅之类的话。只表达客观事实不要夸大或放小。如果不好意思当面，也可以通过微信等方式传达。

五是道歉的频率。向孩子道歉要掌握恰当的尺度，不要过度，也不要一次没有。要根据孩子的情况，选择适当的频率。如果孩子不排斥，那么可以一直道歉，如果孩子表现出明显的抗拒，就立即停止。

六是家长的状态。很多父母能量低，情绪不稳定，受害思维严重，在这种情况下，父母的道歉是没有任何意义的，只会让孩子更加痛苦。反之在父母能量高的时候，即使简单的道歉，也能对孩子有极大的帮助。所以道歉只是形式，重点是父母的能量。心暖则柔，心素则安。

◎ 案例 2

学员 B：今天与儿子一起吃午饭时，跟他聊了特别多以前的事，也聊得特别深入。他后来说一句："如果你早点去学习新的教育方法，我今天也不会这样叛逆。"还说那天他发我的视频关于 00 后有多难，里面的每一件事我以前都做过，对他来说很痛苦。

比如洗碗的事，洗了，还不停指责，说没洗干净。不洗吧，又说他懒。他说："我做也不是，不做也不是，我太难了。"我确实需要反思呀！

父母要随时随地道歉，父母越放平姿态，孩子好得就越快。

（2）感恩

从受害者变为责任者，感谢孩子给我们学习成长的机会，如果没有孩子的问题，我们可能此生都不会去学习成长。

（3）敬畏

尊重孩子，敬畏生命。放下改造孩子的执念，努力地修炼自己才是幸福之道。

当然，道歉、感恩、敬畏，不是低声下气地求孩子，也不是一边道歉一边又犯同样的错误。

2. 父母的倾听、理解与共情

孩子的所有偏差行为，本质是情绪压抑的结果。孩子的心理建设，是不断向父母投射他不能消化的情绪。这时，父母要托举孩子，去为孩子成长中积累的情绪和压力进行处理和疏导。这个过程中父母的包容心就显得越发重要，父母是生活阅历丰富的成年人，要主动去托举孩子的情绪，并帮助孩子转化情绪。当情绪被疏导之后，孩子就不会有太多的偏差行为，就能为自己的事情负责。

父母是情绪稳定的源头，是孩子处理情绪的榜样，孩子会模仿、学习父母转化负面情绪的方式，从而学会处理自己的负面情绪。当孩子能够自由地处理情绪并与之和谐相处的时候，孩子的人格就会更加健全，孩子的格局就会自然拉升，那么孩子就有力量去自我纠正错误和承受适当的压力。

3. 父母对孩子行为背后的每一个正面价值都应给予肯定

每天可以给孩子发短信息，直接肯定孩子的进步。同时可以告诉孩子你最近的进步，告诉孩子你每一天的快乐和幸福，孩子看到父母的正能量就会很开心。还有的父母会发一些关爱和暖心的话，拉近与孩子的心理距离。不要管孩子是否回复，父母只管发就可以，很多父母反馈效果非常好。

◎ 案例

学员 A：感谢况老师的提醒，我争取每天给孩子写一段话，用它来凿开一条缝，让爱洒进去，让孩子感受到一些光和热。同时，每天写一段文字，也是对自己思考的整理、归纳和提升，为自己赋能。

4. 接受孩子的情绪发泄方式

（1）情绪失控、大吼大叫

情绪失控的孩子各种各样。有的是因为父母说错话，有的是因为父母做错事激怒了孩子。有的是父母长期讨好孩子，孩子习惯了对父母发泄情绪为自己争取更多的权利。这个时候父母往往会有很多的委屈和压力，同时面对孩子的情绪失控，也很无力。孩子长期情绪不稳定，父母也很容易给孩子贴个负面标签，甚至用有色眼光看孩子，这时孩子会更加痛苦，继续报复父母，形成恶性循环。

因此，不要随便给孩子贴各种标签，更不要用有色眼光看孩子，无论孩子有怎样的表现父母都要始终用爱来融化孩子。孩子各种发泄的行为，并不是针对父母，而是孩子在表达内心的情绪。同时，也有可能是因为父母在教育的过程中总是有意识或无意识对孩子造成了伤害，所以孩子以此来报复。

父母一定要冷静面对孩子情绪失控，父母如果始终是稳定、平和的状态，孩子就会安全地去发泄情绪。在这个过程中，父母保持倾听就行了，需要共情时父母再去共情。

孩子的情绪发泄是一件常见的事情，这通常是情绪过度压抑所致，而情绪压抑可能会导致自我攻击。因此，当孩子在表达情绪时，家长不应习惯性地提供答案或建议，这些做法往往无法有效地帮助孩子。父母应当明白，孩子能够发泄情绪实际上是一件积极的事情，这总比孩子压抑自己的情绪要好得多。

面对孩子的负面情绪时，有些父母表面情绪稳定，但是内心焦虑万分，这表明父母没有成长好。所以在面对孩子负面情绪发泄的时候，父母往往是无力的。但父母知道面对孩子要稳定，因此只能假装情绪稳定，但孩子是很敏感的，孩子能够感受到父母的“假装行为”，这又会让孩子产生新的情绪。如果父母不能真正做到稳定，可以暂时不去关注孩子，先去关注自己，让自己做疗愈或画“赋能表”，让自己的心情迅速平复下来。等到自己可以面对孩子的时候，父母再去平静地安抚孩子，给孩子一个可以释放情绪的空间。

孩子发泄情绪，如乱砸东西、大吼、大叫等行为时，父母在孩子允许的情况下，可以用肢体动作来安抚孩子，让孩子的情绪平静下来。如果孩子排斥父母什么都做不了，就陪着孩子。如果父母陪着，孩子也不同意，父母就暂时走开。

切记无论当时孩子怎么做，事情结束之后，父母还是要给予孩子一定的关心。父母要随时做好成为孩子情绪发泄的对象，一旦孩子发泄情绪，父母就要做到倾听、理解、共情。无论孩子说什么，都先认同孩子，让孩子情绪先释放，同时做到不要求、不建议、不讨好。在倾听过程中，不要打断孩子的倾诉，父母在这个时刻要认真听孩子说，给予适当的回应即可，比如“嗯嗯”“哦”“原来是这样”“是的”“我在听”“还有呢？”“我觉得很好”之类的话都可以。父母做好倾听和共情，对孩子来说是一个很好的疗愈机会。

◎ **案例 1**

有这样一位妈妈，讨好型性格，对丈夫和孩子都是各种讨好。丈夫脾气非常暴躁，与自己的教育观点又非常不一致。丈夫总认为妻子太溺爱孩子，妻子总认为丈夫太暴力，为此长期观点不一致谁也改变不了谁。父亲从小经常打孩子，刚开始孩子只能忍着，青春期之后父子间便大打出手，家里鸡飞狗跳。这位妈妈大多数时候都会站在孩子一边来对抗丈夫，这使丈夫更加愤怒，最后更加暴力对待孩子，结果就是孩子和父亲关系极度僵硬。孩子情绪也一天比一天暴躁，把家里的家用电器统统砸了一遍，但情绪还是不见好转，每当妈妈来安慰孩子，就习惯性地讲一些道理，孩子越听越烦，就让妈妈滚出去（可以看出这位妈妈真的是尽力了，她其实是真的心疼孩子，但确实也没有好的方法，结果就是孩子更生气）。后来妈妈就开始止语，经常是一脸痛苦地站在那里一动不动，就那样看着孩子，也不离开（可以看出这位妈妈其实是一边心疼孩子，一边心有不甘，但她忽略了她的状态只会让孩子更加烦躁），最后孩子只能动手赶她出去。刚开始孩子打她下手很重，她就跑，她跑孩子就追，追到没力气之后孩子就好了。

有的时候孩子打游戏没有按时吃饭，妈妈就会很心疼孩子，会带着可怜兮兮的态度，小心翼翼地把饭端到孩子身边。结果孩子打游戏输了，又会把怒气撒在妈妈身上。这样的生活细节还有很多很多，在此也心疼一下这位妈妈，同时也为她的边界不清和溺爱惋惜。

这位妈妈迷茫了很久，最后实在受不了了，就选择改变现状。

这位妈妈不再讨好孩子，并建立了清晰的边界。孩子生气了妈妈就是倾听、理解、共情，而不再讲道理。吃饭时间到了就通知一声，孩子想什么时候吃就什么时候吃。坚决不带“六把刀”和孩子相处，同时做到坚决不讲错话，不做错事。就算说错了话做错了事，也立马诚恳道歉，于是孩子的情绪就越来越稳定。

所以，孩子怨恨父母只是表面的原因，我们如果不去探究深层次的原因，是无法从根本上解决问题的。

◎ **案例 2**

还有一位妈妈说孩子经常情绪失控，每次孩子情绪失控的时候妈妈都会跑。等孩子消气之后，妈妈再回家，孩子也就不了了之。就这样妈妈非常痛苦，最后通过分析发现不是孩子情绪失控，而是孩子实在是忍无可忍。因为这位妈妈是极度讨好型，所以孩子也像她只会极度讨好。每次遇到自己不想做的事，也不敢直接拒绝只能向内压抑自己。时间久了忍受不了，就会选择情绪失控一次。

妈妈根本没有觉察这个问题，所以每次都会打着爱的名义来控制孩子。孩子只能先忍，忍多了就爆发，因为孩子不会有效地处理情绪，就会情绪失控。孩子每一次情绪失控后会内疚，又觉得自己不够好，于是内心处于拉扯之中，就这样孩子最后情绪崩溃了。

事实多次证明，那些情绪失控的孩子，不是不懂感恩，而是长期被情绪伤害，最后忍无可忍。所以我们父母要理解孩子的情绪，不要责怪孩子，要多觉察自己的行为模式，做孩子的榜样。

（2）揪头发，咬指甲

孩子的这个行为不是一下子形成的，这是孩子情绪压抑的结果，孩子只有内心情绪消失之后，才会停止这个行为。所以父母在当下应停止讲任何道理，比如孩子你这样会伤害自己，你那样会变丑等。父母可以做的就是一边心疼孩子一边在孩子需要的时候给孩子包扎，孩子不需要帮忙就接纳，不要讲任何道理。

（3）大声哭泣

孩子在哭泣的时候，我们除了陪伴，还可以紧紧地抱着孩子，哭完我们可以进行倾听。

（4）偶尔发笑发呆

孩子在发呆的时候，就会有发笑的行为。我问过很多孩子，孩子们说就是突然想到一件好笑的事，就想笑一下。我上高中那时候也经常有这样的行为。对于这种行为也很正常，父母不要过于强调和贴负面标签。

（5）退行

孩子退行是一种情绪的释放，孩子退行也代表和父母关系的亲近。心中对父母还有情绪的孩子是不会对父母退行的。孩子在退行的时候父母要像对待低龄宝宝一样的态度对待孩子，满足孩子的心理需求，接纳这个行为，不要用怪异的眼光看孩子，更不要恐惧和担心。

（6）嗜睡或睡不着

许多孩子在出现偏差后，其作息时间可能会变得不规律，这种情况可能持续相当长的时间。除非经过确诊，确实需要通过药物治疗——例如被诊断出严重的焦虑症或失眠症等，否则建议让孩子自行调整。通常情况下，父母的爱就足以让孩子逐渐恢复正常。如果孩子愿意，也可以引导他们学习一些疗愈技巧，这对改善睡眠有很大帮助。

（7）玩游戏

允许孩子通过适当玩游戏的方式释放情绪。

（8）吃零食、运动或其他

对于孩子吃零食的行为，家长可以全面接纳，无须过度管控。释放情绪的最佳方式之一是运动，家长可以邀请孩子一同参与运动，但前提是孩子本人愿意参与。许多家长可能会担心孩子不愿意参与运动，实际上，只要孩子的能量充足，就自然会活跃起来，家长无须过分担忧。家长应以身作则，坚持运动，从而成为孩子的榜样。只需耐心等待，总有一天孩子会展现出积极的变化。家长应致力于做好自己的部分，其余的交给时间解决。

在释放孩子情绪方面其实还有很多的方法，在行为层面，你所能想到的，或者孩子愿意的方法都是有效的，技法可以创造，心法需要修炼。

四、孩子负面思维“转正”的办法

这一环节极为关键，因此它需要众多的前提条件，如亲子关系良好、孩子愿意开口讲话，以及孩子愿意探讨内心的痛苦等。一旦这些条件得到满足，便可以帮助孩子进行思维的正向转变。

父母可以和孩子一起画“赋能表”，然后真诚表达。如孩子认为老师很严厉，提建议时被老师批评，于是和老师对抗。这时，父母应该把孩子“赋能表”的情绪、思想、目标说给孩子听。再把教师“赋能表”的情绪、思想、目标说给孩子听，最后选择相信孩子。

父母可以这样引导：“孩子，老师很严厉，我知道这让你很不解、很无奈，也很烦躁。因为你觉得老师这样做是不尊重你们、不理解你们、不信任你们，你善意地提建议还被老师批评，所以很生气。我知道你希望老师能够更宽松、更人性化一些，针对这一点，我支持也很理解你的心情，我也很心疼你。其实老师这样做，也有她的用意，你也应该从老师的角度做换位思考，这样你就不会太受伤。其实你一直是一个很爱学习、很负责、很尊重老师的孩子，这件事情在妈妈这里已经过去了，妈妈相信你接下来一定能够处理好与老师的关系，爱你孩子。”

◎ 案例

有一对父母来学习的时候，孩子是非常焦虑的，已经到了无法入睡，考试之前头脑一片空白的程度。这个孩子主动和妈妈沟通想找心理教师作一下指导。最后我让这对父母带着孩子来见我，孩子打开心扉之后开始发泄内心的情绪，她的爸爸对她学习要求非常高，为了自己的学习，父亲亲自辅导。只要题没做好，考试没考好，基本上就是一顿打和骂。每天晚上写作业到凌晨 1 点多，早晨 4 点多又起来学习，常年如此。她的人生只有学习，不能出去玩，不能玩手机，放假也是各种培优班，没有自己的任何私生活。妈妈尽管不是特别赞同父亲的做法，但也基本保持默认。孩子现在上高中感觉自己学习越来越吃力，所以现在每天焦虑万分，身体也十分疲惫，感觉已经无法支撑下去了。

孩子讲完妈妈开始流泪，爸爸陷入沉默。下面就来分享我与这家人谈话的片段。

我："听你这样讲，我十分心疼你，孩子你受苦了。"

孩子大哭。

我："这些年你的情绪是怎么处理的？"

孩子："我经常一个人偷偷地哭，哭完第二天就好了。"

我："你如果是我的孩子，我真的很想抱抱你，你真是太辛苦了。你为什么不找人倾诉呢？"

孩子："我不想把这些告诉别人。"

我："你可以告诉爸爸妈妈呀。"

孩子："告诉爸妈没有用。"

我："是不是你告诉他们了，他们反而认为你很矫情呢？"

孩子："是的，他们根本不管这些，只在意学习。"

我："你感觉爸妈分别懂你几分，满分 10 分。"

孩子："爸爸 2 分，妈妈 5 分。"

这时我转向爸妈，爸妈表情很难过。

爸爸："我真的很惊讶，孩子说我对她的理解只有 2 分，我一直以为她能理解我的良苦用心……"

我："我很能理解你的心情，作为父亲，我感受到你的努力和付出，说实话你能够不缺位，还能这么负责绝对要给你点赞。"

此时妈妈一直在哽咽……

我："假设孩子对你说她不想学习了，你会怎么说？"

爸爸："如果孩子这样问我，我一般会说，人生不能不学习，不学习的人生将来一无是处。你不可以有这个想法，现在苦一点没关系，以后你就会感谢你现在的努力。"

爸爸说的时候我看向孩子，她一脸无奈。

我：“妈妈会怎么说呢？”

妈妈：“我一般会说，妈妈知道你很有压力，妈妈也很心疼你，但你现在不能不学习，你的成绩还是可以的，只要再努力一把以后就会轻松的。”

孩子此刻更加无奈。

我：“爸爸妈妈你们这样讲的时候有没有看到孩子的表情？”

爸爸：“每次我们和她沟通的时候，她就是这个表情。现在我们知道了，她其实很痛苦。”

妈妈：“我其实也知道她很有压力，但每次就是不知道该怎么安慰她。”

我：“我看到你们的努力，孩子现在心情如何？”

孩子：“他们这些话讲了无数遍了，我早都听烦了。”

我：“爸妈也真的是尽力了，他们绝对是爱你的，这点我相信你也能感受到，但他们的语言确实也很伤害你，所以你也一直很无奈。”

孩子：“是的。”

我：“那你最痛苦的时候，除了哭，还想过什么？”

孩子：“很多时候我都很想死。”

妈妈崩溃大哭，父亲点起一根烟。

我：“你想过多少次了？”

孩子：“很多次了，但我怕疼所以一直不敢。”

我：“很多孩子跟我说过类似的话，我真的心疼你们，这样痛苦你还在坚持学习，我真的很佩服你。”

此时我邀请爸爸妈妈和孩子站起来。

我：“爸爸我相信你此刻有很多话想告诉孩子，现在请你告诉孩子。”

爸爸：“今天感谢况老师的引导，我现在知道自己的问题在哪儿了。爸爸先对你说一声抱歉，我以为这是对你好，没想到给你带来这么大的压力。爸爸从小就是这样过来的，所以，以为这样的学习方式也适合你。现在爸爸看到你这么痛苦，爸爸很心疼你。学习当然重要，但学习如果深深地伤害了你，爸爸还是更希望你能健康快乐。学习先慢慢来。”

妈妈：“妈妈其实一直懂你，但真的不知道该如何安慰你，很多时候我也是抱有侥幸心理。以为你可以挺过去，没想到给你带来这么大的伤害。你说你每次一个人偷偷哭，妈妈心疼死了。你说你很多次想自杀，妈妈心都碎了。孩子，妈妈再也不逼你学习了，你尽力就行了。”

孩子低着头哭泣不说话。

我：“孩子，爸爸妈妈说的你信吗？”

孩子：“有一点点信。”

我：“请你们一家人抱在一起，把刚才的话重复一遍。”

一家相拥，每个人都忍不住流泪。时间过去一分钟。

我：“孩子，爸妈说的你信吗？”

孩子：“我信了。”

这个孩子从此不仅没有放弃学习，反而心情释放之后学习更好了。所以对于孩子来说，父母要把学习的权利移交给孩子。孩子一定能够自己处理好。

五、孩子的人际关系及父母的做法

人际关系冲突是影响孩子成长的一个因素，这个问题不处理好，孩子就很难融入现实环境中，因为人际关系的问题会让孩子非常难受。

大多数孩子只要在家休息一段时间之后，能量就会大涨。因为孩子内心都是向好的，所以过了一段时间孩子就会重新努力。但好景不会太长，孩子很快就会在人际关系中出现新的冲突，原因就是孩子在人际关系里一直没有任何突破。

为什么孩子没有调整好又要重新努力呢？

孩子做事主要看心情和受父母的意志影响。孩子调整一段时间之后，孩子的心情就会有很大的好转，有时候孩子也会误认为自己调整好了。其实内心的创伤根本没有处理好，只是暂时被“遗忘在内心里面”。再加上很多父母在孩子面前表现得很焦虑，孩子也一直知道父母的心思，同时内心对自己也有期待，所以还是打算努力。等孩子一旦重新开始努力之后，又很容易产生新的冲突，孩子就会有挫败感，这种隐形的痛苦最后还会影响孩子的状态。

以下是在面对孩子人际关系问题时父母不同的做法。

1. 孩子人际关系问题之父母错误的做法

（1）讲道理纠正孩子

父母在面对孩子负面观点和思维的时候，总是习惯性地去强行纠正孩子，最后彼此都非常痛苦。

（2）内心鄙视孩子没用，贴负面标签

有些父母喜欢给孩子贴标签，如孩子思想有问题、会不会是无理取闹、孩

子“无药可救”等，这些都是不可取的。

（3）刻意给孩子制造人际圈

一些父母会花钱请人来与孩子建立友谊。如果孩子乐意，这当然是可行的，但所聘请之人不应过于功利性，必须真诚地愿意与孩子成为朋友。否则，仅为金钱而与孩子交往，这是没有实际意义的。有些父母怕孩子孤独，给孩子养宠物，这个方法挺好，可以借鉴。

（4）强行给孩子介绍朋友

这种方法有个前提，即孩子是否愿意，如果孩子不愿意，就会引起孩子的极大的不满。

（5）阻止孩子与父母不喜欢的人交流

如果孩子能够和人建立沟通，那是很好的，比自我压抑好得多。所以父母不要戴着有色眼镜去看待孩子交往的朋友。要感谢那个朋友，如果没有那个朋友，你的孩子是多么的孤独啊。要热情迎接所有可以和孩子建立沟通的人，而不是去阻止，要放下内心所有的傲慢与偏见。

（6）自己不改变交流方式

孩子在人际关系上的问题，往往源于他们不善于沟通，而这种沟通不力，通常是因为他们无法与父母建立有效的交流。因此，孩子的人际关系问题本质上等同于父母与孩子之间沟通不畅的问题。要改善孩子的状况，父母应首先改变自己的沟通方式。

（7）夫妻继续争吵不给孩子做榜样

如果父母能够和谐沟通给孩子做榜样，孩子就不会出现人际关系的问题。所以帮助孩子重建和谐的人际关系 = 夫妻和谐沟通 + 亲子和谐沟通。

（8）强行给孩子报口才训练班、沟通训练营等

强行给孩子报名参加口才训练班和沟通训练营等课程可能会使孩子产生负面情绪，如孩子可能会感到压力过大，对沟通产生抵触，甚至可能导致孩子的自信心受损。

2. 孩子人际关系问题之父母正确的做法

一是改变亲子沟通模式，与孩子建立有效的沟通。

二是多用爱的语言，增强孩子的能量。爱是疗愈一切问题的核心，所以父母们一定要学会爱的语言，提升爱的能力。

三是改变夫妻交流模式给孩子做榜样。

四是接纳孩子的一切，可以有效建立交流的渠道。

五是正视孩子的问题，放下傲慢与偏见，爱是如他所愿，而非如我所愿。

六是终极目标就是倾听、理解、共情。

作为父母，要正确处理孩子在人际关系中的冲突问题，带领孩子走向正常的人际交往。

第三章 和谐的夫妻关系是偏差行为孩子最好的疗愈场所

从我多年的经验来看，孩子之所以会出现心理偏差，与家庭环境有着密不可分的关系，除了学习压力和人际关系冲突两个原因之外，更多的是家庭环境的影响。家庭环境最主要的就是夫妻之间的关系，因此父母要修复好夫妻关系，给孩子一个安全、有爱的环境，是十分重要的。

修炼幸福的婚姻前提条件就是心态的问题，如果没有积极的心态，再好的方法都是无效的。不要听信什么心灵鸡汤，那些观点无非就是博人眼球罢了。幸福的婚姻是两个人的事，需要双方共同努力。

家庭环境中，第一关系就是夫妻关系，根据我多年的经验来看，在夫妻关系和谐的家庭中，孩子基本上不会出现什么大的问题，反之夫妻关系不和谐，孩子出现偏差行为的概率就会大大增加，所以想帮助孩子，首先就要有和谐的夫妻关系。下面我就夫妻关系的话题与大家进行探讨。

一、知己知彼是走向和谐的第一步

经营好夫妻关系，就要对另一半有所了解。大多数情况下，在结婚之前，很多人只是对一些表面的情况进行了了解，但对于深层次的性格只能根据经验来判断。靠经验，就会缺乏有力的依据，一旦判断错误，就会带来重大影响。

从心理学的角度来看，了解一个人最好的办法就是去了解他的原生家庭。因为每一个人的性格大都深受原生家庭的影响，只有从原生家庭出发，才能更了解真实的性格。

维护良好的夫妻关系并非易事，这是因为婚姻虽然表面上是两个人的联合，但实际上却涉及两个家庭的融合。每个人的性格都深受其原生家庭的影响，我们不可忽视伴侣家族对整个婚姻关系的作用。因此，我们都应学习基本的原生家庭分析技巧，以便更深入地理解自己及伴侣。

接下来，我将与大家分享一些基本的原生家庭分析方法。您可以先从分析自己的原生家庭开始，随后再分析您伴侣的家庭背景，将两个家庭的情况综合起来，就更有助于更深入地理解彼此。

下面以26岁女青年小红为第一视角进行分析。

家庭成员简介：

小红是家庭中的老二，上面有一个姐姐，下面还有一个弟弟。小红的爸妈都是家庭中的老大，爷爷奶奶，外公外婆都住在小红家。

家庭成员性格：

爷爷的性格特点：善良、正直、老实、不爱说话、内向、胆小。

奶奶的性格特点：强势、完美主义、开朗、极爱沟通、情绪化、上进。

爸爸的性格特点：内向、正直、忍让、不爱说话、善良。

外公的性格特点：暴躁、强势、善良、勤劳、指责、情绪化。

外婆的性格特点：唠叨、开朗、善良、老实、内向、压抑。

妈妈的性格特点：暴躁、挑剔、控制、焦虑、指责、善良。

姐姐的性格特点：懒散、不爱回家、冷漠、不喜欢社交。

小红的性格特点：胆大心细、开朗、有主见、自卑。

弟弟的性格特点：内向、不敢说话、害怕陌生人。

家庭成员的关系：

爷爷与奶奶的关系一直都不好，吵吵闹闹一辈子。

爸爸和爷爷的关系很一般，但是和奶奶的关系却很融洽。

外公与外婆的关系也是很糟糕，老了还在吵架。

妈妈与外公的关系非常糟糕，但是和外婆的关系却很好。

小红的爸妈常年争吵，关系十分不好。

姐姐和爸爸关系不好，但是和妈妈关系很好。

小红和爸爸关系十分和谐，但是和妈妈的关系一直很僵硬。

弟弟和爸妈的关系都十分要好。

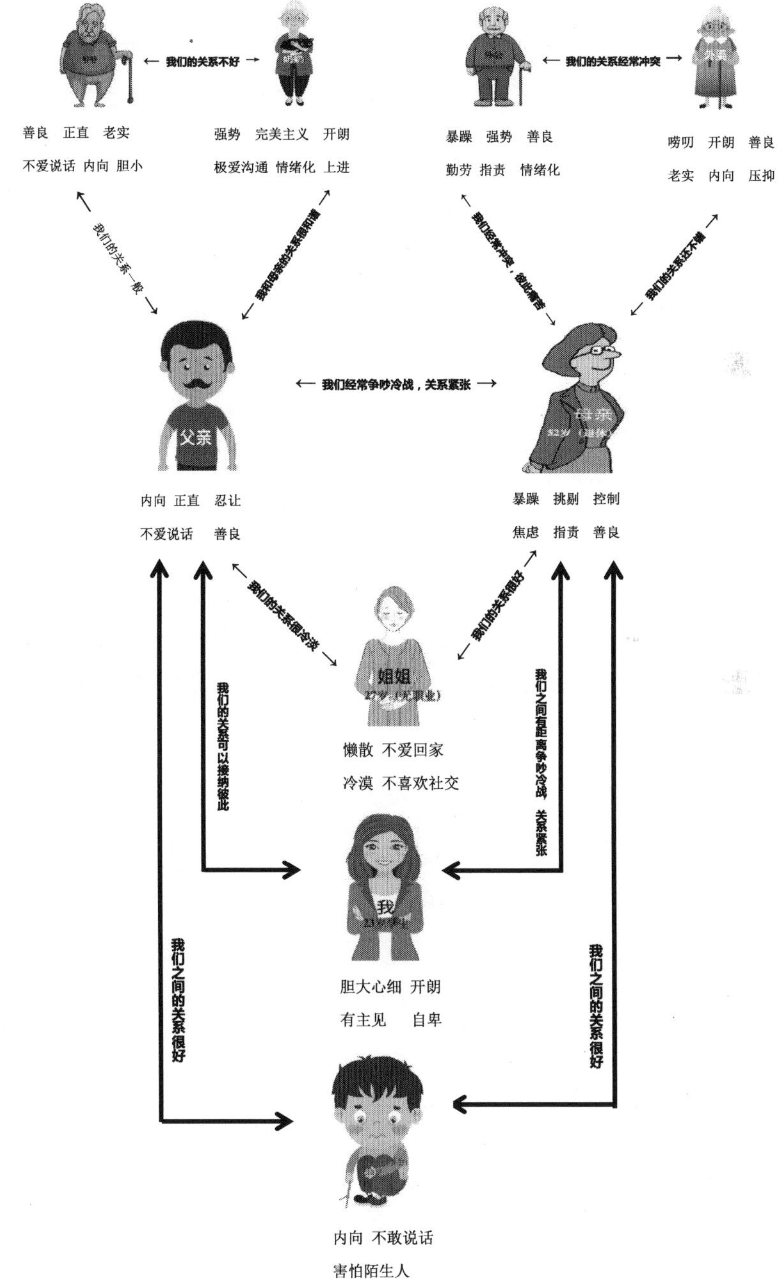

爱是深深的理解和接纳，我们想获得亲密关系，不仅要清楚自己的家族情况，还要知道伴侣的家族情况，这样才能更好地相处。

我们可以看出小红的爸妈关系属于典型的“女强男弱”的家庭。从小红父母的关系中，可以看出夫妻两人的性格完全相反，女方暴躁——男方忍让；女方挑剔指责——男方沉默不语；女方焦虑——男方内向压抑；女方控制——男方讨好逃避或偶尔冲突对抗。从以上情景可以看出，他们的夫妻关系大致如下：妻子有很多的痛苦需要被丈夫理解，有很多压力需要被丈夫分担，有很多的情绪需要被丈夫共情。但丈夫就是一个“木头疙瘩”，他压根不懂这些，他肯定是爱妻子的，但却无法读懂妻子的内心需求。所以自己只能以讨好、沉默、忍让为主，少部分时候可能会发生一些冲突。表面看关系还可以，实则彼此都无法走进对方的内心，无法建立和谐的沟通，长期压抑导致一个越来越暴躁一个越来越内向忍让，这种情况在现实中是非常常见的。

再来看看他们的夫妻关系对孩子的影响。

①大女儿性格懒散，和妈妈能干包办有关；不喜欢社交——像父亲；不爱回家、冷漠——家里没有爱的流动，不喜欢待在家里也不会表达爱，心中无爱自然冷漠。看图中信息，大女儿27岁了还没有职业，又没有上学，这完全与她的性格有关系，可能还在家里“啃老”，我们完全可以想象她未来的婚姻生活是什么状况。

②二女儿（案主）的性格自卑，与妈妈的关系较一般，可能与妈妈长期指责有关；开朗，与爸爸关系和谐，想活出不一样的精彩就会认同开朗；有主见，既不想忍让又不想暴躁；胆大心细，有母亲的勇敢又有父亲的敏锐。这个女孩也就是案主，受父母的“同化”最小，所以这个女儿的前途可能最好。

③小弟的性格内向，完全复制父亲讨好妈妈；不敢说话，害怕陌生人——在家里没有发言权只能长期自我压抑。这个孩子是最痛苦的，很大概率会焦虑、出现心理问题。这个孩子的生命力完全被压制住了，可以大胆地想象一下，如果这个孩子将来结婚了，他的孩子将会受到什么样的影响，简直不敢想象。此外，这种传递是跨越无数代的。在此，我们只能向孩子们送上祝福。因此，学习心理学的目的是打破这种强迫性的重复模式。

接下来，我们将以前述的原生家庭为案例，分析并阐述夫妻关系中的幸福之道。

1. 甜蜜期

两个人看到的都是对方的优点，压根没有机会看到彼此的缺点。从上述案例可以看出小红爸爸的成长经历是在重复他自己的原生家庭，他的性格很大程度上像他的父亲，沉默、善良、正直、内向、不爱说话。妈妈很大的概率像自己的妈妈，强势、挑剔、指责、焦虑、控制、能干。

小红的父亲从小就生活在这样的环境中，他熟悉的女性便是他的母亲，因此他会不自觉地寻找一位与母亲相似的女性结婚。尽管婚后生活时有痛苦，如遭受妻子的嫌弃、责骂、侮辱和逼迫等，但在婚前蜜月期间，他还是会感受到快乐。因为这类女性在他的潜意识中是母亲的替代者，这正是所谓的“恋母情结”。这样的女性通常都很能干，无论是在家庭还是工作中都是领导者，因此，对于性格内向的他来说，能减轻一些自己的负担便不会多操心。有这样的妻子在前面承担重任，他自然可以少操心，所以总体而言，他是在痛苦中找到了快乐。

对于小红的妈妈来说，她很像自己的父亲，几乎继承了父亲的大部分性格特点。骨子里对父亲这样的男性又敬又畏，如果再找一个和父亲很像的男性，对自己来讲是一件很危险的事情。两个强势的人在一起肯定天天起冲突，所以大概率会找一个和父亲性格相反的男性。丈夫的内向、讨好、善良、老实，既和父亲有一些相似之处，同时又没有父亲的缺点，这样的男性能给自己安全感。强势的女性内心都是脆弱的，所以很需要在婚姻中找一个踏实靠谱的男性来增加自己的安全感。热恋期虽有安全感，但在婚后也会有痛苦，因为这样的男性不懂浪漫、不会走心，也不够上进、没有男人味、没有能量，总之会有很多的抱怨。由于对伴侣存在过高的期望，人们往往容易在婚姻中产生抱怨。对伴侣的“理想化”态度，是每个人都需要意识到并进行调整的问题。

2. 矛盾期

两个人在一起时间久了之后，彼此的缺点就会暴露出来，那时候就会来到冲突期，意味着“好戏即将开场”。因为我们都很容易在婚姻中对伴侣抱有各种期待，时间久了新鲜感消磨殆尽，很容易对伴侣有幻想。总希望对方改变，自己所有的痛苦都是对方不够好造成的，我们极力地想改造对方来满足自己的匮乏和虚荣，认为只要对方改变了就会迎来新的幸福。带着这种唤醒走向改变对方的道路上，最后只会头破血流，痛苦万分。

上述案例中，如果小红的爸爸花各种心思来改变一个暴躁、挑剔、指责、焦虑、控制的妻子；妻子也来改造一个内向、不爱说话、正直、忍让的丈夫。那可以断定的是他们会每天争吵，最后谁也无法改变谁，两败俱伤。

大多数的婚姻之所以最后走向“破裂”，就是因为在冲突期互相看不惯，互相抱怨，都想改变对方，最后谁也改变不了谁。长期的冲突和斗争，双方都精疲力竭，最后要么痛苦地维持，要么走向离婚。其实冲突期是每对夫妻都必经历的过程，唯一的解决办法就是不忘初心，问问自己：“我当初为什么选择他（她），我看中他（她）什么品质？这些品质对我来说重要吗？我现在到底想要什么？对方想要什么？我先改了吗？我有没有做责任者先改变自己？”

3. 分手期

幸福的婚姻，双方一定要有处理冲突的能力，很多夫妻之所以离婚了或名存实亡，就是他们没有处理冲突的能力，不懂彼此的真正需求，彼此掉入受害者状态，最后走向“破裂”。上述案例中的夫妻，如果不能放下对彼此的抱怨和改造，不能一起成长，最终很大概率会走向婚姻的破裂。

4. 朋友，伙伴

幸福的婚姻实质上很简单，关键在于学会处理冲突。处理冲突的核心需要追溯到各自的原生家庭背景，我们必须理解自己及伴侣各自成长的家庭环境。

只有认清每个人的性格特质和需求，才能做到知己知彼，实现长久的幸福。

通过对上述案例的分析，这对夫妻（小红的爸妈）首先要看到自己原生家庭对自己的影响，以及之所以找对方结婚的心理原因（上述已经说明过），目前要做的就是先看见彼此的优缺点，然后互相理解。

二、两性相处原则

我们常常忽视自身对伴侣的影响，往往自信过度，总是认为自己已经做得很好，错误全在伴侣身上。我们容易看到伴侣对自己的影响，却很少评估自己对伴侣的影响。应当更多地关注伴侣对我们的包容，思考如果换了别人，他们是否还能这样对待我们？当然，我们的目标不是强迫自己忍受伴侣的缺点，而是首先改变自己，然后与对方真诚地交流，共同进步。我们应尽力满足彼此的需求，对能做到的表示感激，对不能做到的表现出接纳。

例如：有一对夫妻，丈夫希望妻子放下事业，相夫教子，变得更温柔。妻子却希望丈夫懂浪漫，更有上进心。多年僵持谁都不愿意先满足对方的渴望。结果丈夫经过学习之后决定先做责任者，先去满足妻子的需求。丈夫学会真诚地表达，告诉妻子自己喜欢追求稳定，普普通通的生活感觉就很好，希望妻子能给予理解。结果，妻子深受感动，性格变得不再那么强势，她也真诚地向丈夫表达了自己的感受，告诉他自己不能没有事业，因为这是她价值感的来源，因此不愿意放弃。但她承诺，以后不再强迫丈夫在事业上努力，只要他做好本职工作即可。对此，丈夫也表示理解，并主动提出将会花更多时间陪伴孩子。

在认识到自己及彼此的优缺点之后，我们应再审视我们的生活习惯：两个人的生活习惯有何不同？这些差异的原因是什么？为什么一个人爱干净而另一个不重视，一个人好动而另一个好静，一个人节约而另一个慷慨？面对这些不同，我们应该是寻求共存还是试图改变对方？

以我为例，我在生活方面有些时候是不注意细节的，我妻子恰恰是一个很看重细节的人，为了换洗的衣服放哪个位置批评了我很多次。我刚开始大多时候是带着情绪做，或者对抗不做，最后她停止说教的时候，我也愿意心甘情愿地把换洗的衣服放到该放的位置。

其实每个个体都有不同，我们在婚姻中不是要统一而是要尊重和接纳，去接纳你所看不惯的，多看对方的优点，相互理解，彼此顾念。先满足对方的渴望对方就会满足你的期待，先给后得，先满足对方的渴望，对方自然会满足你的期待。

三、男性与女性的区别

在生活方面，女性是感受型的，男性是逻辑型的。所以女性对情绪和感受十分敏感。女性在关系中需要男性能够重视自己的情绪，最好有能力处理自己的情绪很关键。这个在婚姻中其实比较难，因为男性是逻辑型的，所以最不擅长的就是感知感受和处理感受，对于妻子的感受大多数选择不管不问，甚至恶意打压，让很多妈妈都极为痛苦，也经常会为此而发生诸多的矛盾。

在解决方案方面，男性需要理解女性的情绪化特点，并努力学习如何处理妻子的情绪。如果觉得无法处理，至少应该倾听妻子的讲述。女性在表达完自己的情绪后，通常会感觉好转。女性也应该理解，大多数男性在情感表达上可能较为木讷。如果丈夫愿意重视并学习如何处理情绪，这是值得赞扬的行为。如果丈夫不愿意或不擅长处理情绪，妻子则需要学会独立管理自己的情绪，成为自己情感的主人。

女性更重视家庭，男性更重视事业：我发现大多数的家庭中，女性是非常重视家庭的，所以来学习的父母中大多数都是妈妈。这与女性的天性有关，她需要有稳定的关系和稳定的家庭，很多妈妈为了家庭放弃了事业。但男性与女性是相反的，男性最重要的是事业，因为这是一个男性价值的主要来源，同时也与社会分工等都有关系。所以大多数男性以工作为主，几乎没有为了家庭放弃事业的，如果有这样的男性一定要珍惜。男性以工作为主，在家庭中就容易“缺位”，这就会对很多妈妈带来巨大的挑战——工作、家庭、教育每一项都极为不易，所以很多妈妈常年焦虑。“妈妈焦虑 + 父亲缺位 = 孩子失控”，是很常见的现象。

男性以工作为主没有问题，但记得工作为主不一定代表就要缺位，在保证钱够花的同时，一定记得多关注妻子的情绪和当下的困难。去关注妻子的情绪，去帮助妻子解决教育中的问题极为重要，妻子情绪好了，就不会传递焦虑给孩子。当今大多数的男性既不重视妻子的情绪，也不会处理妻子的情绪。对妻子的情绪既忽视又打压，导致女性长期压抑，一旦丈夫缺位，妻子就无比焦虑。丈夫的作用，除了赚钱更重要的是要学会处理妻子的情绪。

处理妻子情绪的办法有以下几点。

第一，多给钱。妻子需要安全感，钱是最快补充安全感的东西，所以大家各尽所能吧，但记住这不是最主要的。

第二，多买礼物。女性喜欢的不是礼物，而是为她付出的态度。

第三，多说甜言蜜语。多说甜言蜜语有些时候比给钱效果还好。

第四，多欣赏。这是人性的共性，所以丈夫的赞美和欣赏尤为关键。

第五，多关心。女性是感受型的，多发关心短信、多去发现妻子的付出并给予肯定、给妻子捏肩捶背，把关心体现在各种细节上面。

第六，多倾听。女性情绪多，需要有固定的人倾听。

提问方式：老婆，最近心情如何？有没有什么烦心事？只是听，她需要再给建议，没问你的建议，就一直听就行了。

第七，多陪伴。放下手机，一起浪漫。可以陪妻子逛街、陪妻子吃好吃的、陪妻子看场电影或一起去旅游，效果都很好。

第八，始终专一。保持对婚姻的忠诚度，努力做到始终专一。

第九，多替妻子分担教育的压力。要么有能力，要么有态度，最怕没有能力，又态度恶劣！

上面九点能做多少就尽力去做，做得越多效果越好，妻子情绪好了，不仅对自己好，对孩子也有极大的好处。同时尽其所能地抽时间陪孩子，无论男孩还是女孩，缺少父亲的陪伴都会受到很大的影响。陪伴孩子就是放下手机，不提学习，陪他们做他们想做的事情就可以了。

我和爱人在一起有十年时间了，近 6 年没有吵过一次架。我的做法很简单：①每月钱到位。②每天给妻子按摩。③偶尔买一束花。④定期一起去吃好吃的。⑤定期做友好沟通。⑥有冲突“不带情绪表达”。⑦教育孩子花更多的时间。⑧经常对妻子进行感恩、欣赏和赞美。

与丈夫相处的方法如下。

第一，欣赏、赞美、认可。女性应学会适时撒娇；若感觉困难，可更多地欣赏丈夫的优点，并频繁赞扬他的付出和承认他的努力。若难以当面表达，不妨尝试通过发送短信来表达这些情感，久而久之便会成为习惯。

第二，看见和感谢。看到丈夫的不容易，经常表示感谢和关心。

第三，尊严和面子。多给面子，在外人和孩子面前都极为重要。

第四，生理需求。一个男性结婚成家除了精神层面的需求，也有生理的需求，所以作为女性要格外重视。不要在这方面打压丈夫、侮辱丈夫。不要给丈夫贴各种标签，也不要在这方面去抱怨丈夫甚至故意对抗。女性要了解男性的需求，接纳与理解，配合与重视都很重要。

第五，向丈夫赠送小礼物、为他按摩，或是共同参与打游戏、打球和其他运动活动，抑或是为他准备美味的食物，做他喜爱的事情，这些都是表达关爱的好方式。

四、夫妻沟通大全

夫妻间的沟通是必需的。若从妻子的角度出发，想在关系中进行以下调整，应当遵循以下几个原则与丈夫建立有效的沟通。

1. 男性比较喜欢就事论事，喜欢讲重点

与男性讲话要简单扼要，就事论事，绝对不要牵扯过多的事情，更不要扯上他的亲戚和朋友。

2. 男性不喜欢唠叨

与丈夫讲话，能一句话讲完，就不要多讲一个字，逻辑要清晰，不要长篇大论，要讲就讲到重点。

3. 男性不喜欢被控制

不要用教育的口吻教育丈夫，也不要逼迫丈夫做事，他只会对抗。

4. 男性喜欢面子

丈夫需要面子，既不要与别的男人比较，更不能到处去说丈夫的坏话，更不要随意地谩骂。

以下还有几个常见问题。

夫妻沟通讲不了几句话，就喜欢发脾气怎么办？

一个人之所以经常发脾气，通常是因为对方的言语触动了自身的内在情绪，如常见的委屈、自卑、不安全感等。生气的根源并非与他人有关，而是源于自己内心的投射。容易愤怒的人往往内心较为匮乏，我们需要时刻警觉自己愤怒的来源，以维持冷静的状态。当别人的话让我们生气时，我们应多从内心出发，

这样我们才能接近真相。没有人天生是“炸药桶”，每个人发脾气都有其原因。深入了解对方让我们生气的底层原因，我们才能进行有针对性的沟通。

很多时候在沟通的过程中会愤怒，愤怒是一级词汇，愤怒的背后还有情绪。例如当你听到下面语句的时候，体会一下内心的情绪。

场景一：

妻子：“你这个人一点用都没有。”

丈夫：“是的，我就是个废物，你看哪个男人好你就找谁吧！”

场景二：

妻子：“你是一个很负责的人，现在我需要你的帮助。”

丈夫：“好的，你需要我怎么帮助你？”

在以上场景中，妻子这样讲话，更多是出于内心的失落，希望激励丈夫，让他能更多地承担责任，为自己分担压力。但采用第一种沟通方式的结果，会让丈夫感到极度愤怒，丈夫的愤怒背后是感到委屈和羞辱，而羞辱背后则触动了丈夫的自卑感。

场景三：

丈夫：“我从来都没感受过你的温柔。”

妻子：“我天天又上班，又带孩子，忙得要死，你为这个家付出了什么？”

场景四：

丈夫：“这些年你每天为家庭操劳，忙里忙外。我知道很多时候你会有很多情绪，我其实很心疼你，你真的辛苦了。”

妻子：“谢谢你的理解，我很多时候总对你发脾气也希望你能理解，以后我尽量控制自己。”

在以上场景中，丈夫实际上希望妻子能够表现得更温柔，但当妻子感到自己未被理解时，她只能表现出愤怒而不是温柔。如果丈夫能够充分理解妻子并满足她的需求，妻子自然也能满足丈夫的期待。

◎ 案例

学员 A：今天我和丈夫去扫墓，孩子不愿意去，选择一个人留在家。由于我看错了地铁站，需要重新调整路线时，丈夫在旁边说道："如果不是和你在一起，我不会走错地铁站的。"这让我感到非常懊恼。换乘过程中，丈夫再次提起此事，我的懊恼转变为怒火，我默不作声，转身去看远处的站牌，留他一个人在原地继续说。

遇到这种情况其实很简单，妻子只需要道个歉或者撒个娇就行了。比如说："不好意思，是我看错了，你别生气，你生气会吓到我。以后我听你的，你在方向这块确实比我厉害，你棒棒的。"

事情解决其实很简单，但我们要分析的是这位妈妈为什么会生气？

妻子被丈夫指责了，内心充满了委屈、愤怒。她感觉丈夫不够心疼自己，不够理解自己，总是批评自己，就知道自以为是地炫耀自己。她的目标是丈夫能够好好说话、被丈夫包容。

作为她的导师，我对她的背景有一定的了解。这位妈妈之所以有如此强烈的情绪，原因是她从小就经常受到母亲的指责，对母亲积累了大量未释放的愤怒。每当有人对她指责，都会触动她内心深处被压抑的愤怒，难以控制地发脾气。因此，在这种情况下，她的丈夫实际上也成了受害者，这位妈妈的内心创伤尚未得到疗愈。

五、夫妻如何统一教育观点

在平常的咨询中，我经常会遇到夫妻教育观点不一致的现象。如果夫妻教育观点不一致，那么孩子就会出现不同程度的问题。所以夫妻同心是非常有必要的。在这里强调一点，夫妻教育观点一致，一定是正确的一致，而不是错误的一致。如果很多夫妻教育观点错误的一致，那么对孩子的伤害将是双倍的。那些出现重大心理问题的孩子，往往是父母共同错误影响孩子的结果。

1. 夫妻教育观点不一致的主要原因

（1）夫妻均不会沟通

很多家庭夫妻两人都“缺爱”，两个人均不会爱的语言，均不会有效的沟通。所以家庭中长期没有爱的流动，孩子在这样的家庭中长大自然也不会爱的语言，也不会有效的沟通。如果长期生活在父母争吵的环境中，孩子就会积累大量的压抑情绪。当父母双方均缺乏沟通能力时，孩子的内心情绪亦难以得到适当的释放。实际上，父母的情绪同样长期处于压抑状态。因此，整个家庭长期处于一种压抑且冰冷的状态。最终，家庭中的每一个成员都可能出现不同程度的心理问题。

（2）夫妻关系本身就存在问题

很多夫妻之所以沟通不畅就是夫妻关系长期不和谐，彼此对对方都有不同程度的情绪。两个人都想改变对方，最后的较量只能体现在教育孩子的事情上。可想而知，结果就是谁也不会服从谁，最后最受伤的就是孩子。

（3）夫妻的“三观”不同

很多夫妻因为原生家庭的不同，导致本身就存在三观的差异，那么在教育孩子这件事情上自然就会有诸多的不同。

有一个这样的例子，孩子出现了偏差行为，整天就是玩手机。父亲看到之后非常生气地告诉孩子，可以不学习但不能丢了健康，要求孩子每天只能玩两个小时，剩下时间必须去运动。孩子不同意，就强制性执行，结果每次都是父亲去抢孩子的手机，最后孩子被迫与父亲扭打成一团。每次妈妈看到这个场景都很无奈，想和丈夫沟通一下，丈夫总是愤怒地认为是妻子把孩子惯成这样的。当丈夫以这种方式表达时，妈妈的愤怒也随之加剧，她的语气变得尖锐，导致双方对话常常不欢而散。然而，经过学习和自我反思后，妈妈改变了她的沟通方式。她不再使用指责的语调与丈夫沟通，而是采用了一种平和的语气，她开始注意到丈夫的情绪，并认可他的正面价值。她不仅共情丈夫的感受，还会赞赏他的优点。当丈夫情绪稳定后，她再讨论孩子的情况及恰当地提出应对策略。最终，这种方式获得了丈夫的理解和接受。

其实很多父亲都知道这样的做法不妥，但如果不解决情绪问题，就会为了对抗妻子而选择继续和孩子对抗。所以再次强调，无论是父子关系还是母子关系，伴侣的和谐都很重要。

因此与丈夫沟通很简单，就是“尊重 + 给足面子”，同时重视他的讲话，看到他的情绪，欣赏他的正面价值，不带情绪地讲清楚利弊，最后让他自己选择。男人大多是逻辑型的，只要不故意针对他，并讲清楚利弊，就一定会作出正确的选择。

经验已经多次证实，为了孩子，没有不愿意合作的父母，因为每位父母都渴望孩子有个美好的未来。因此，只要采取适当的方法，并且能够有效帮助孩子成长，父母都会给予支持。父母教育观点不一致的根本原因，在于双方未能建立和谐的关系，未能深入了解对方的真实需求，也没有充分认识到各自的不同。因此，首要任务是处理好夫妻关系，作为妻子要鼓励丈夫积极参与，毕竟没有哪位父亲不期望孩子过得好。丈夫的参与将显著提高成功的可能性。

2. 母亲对父子关系的影响

父子关系好不好，母亲调节最重要！同样母子关系好不好，父亲调节也很重要。现实中很多男性，特别是事业越成功的男性，越喜欢讲道理，越大男子主义。很多男性都认为，只挣钱就行了，孩子就应该听话，妻子就应该把孩子教育好。事实上，男性只是挣钱是远远不够的，如果只给物质满足，不去关心孩子的内心，不会和孩子建立和谐的亲子关系，想靠制度和权威搞定孩子，几乎是没有用的。一旦父亲和孩子陷入“权利斗争”之中，最后的结果就是两败俱伤。这样的父亲很难走进孩子的内心，很容易引起父子冲突。

在“冲突期”，父子双方情绪通常都会十分激动。此时若试图让父亲让步，实属不易；而教育孩子做出让步，也难以成功。因此，母亲的作用尤为重要。我们应按照上述方法，在父子之间扮演“调停人”的角色，调节彼此关系。

母亲不去指责任何一方，只是去共情双方。先建立情感连接和信任。“回归”妈妈和妻子的位置，最后发挥女性的情感优势，这是非常重要的。父亲的作用就是在大方向上给予孩子引导，如格局、勇敢、担当、责任心等。情绪上的事和一些细节的教育，母亲处理更合适。母亲一定不要在家里抱怨丈夫，对丈夫所有的不满意都可以和丈夫单独沟通，否则妻子对丈夫所有的抱怨都会影响孩子。孩子对父亲的态度，很大程度来源于母亲对丈夫的态度。甚至很多母亲喜欢“拉帮结派”，联合孩子对父亲进行道德绑架和疏离，这对孩子会造成很不好的影响。教育孩子只靠自己是不够的，所以母亲一定要取得父亲的支持和配合。妻子要帮助丈夫建立和孩子的关系，首先就要“让位”，主动把孩子交给父亲，让父子单独相处。

母亲应当充当父亲与孩子之间的“润滑剂”，在共情的同时，向父亲强调孩子的积极价值；同时，也应多与孩子共情，在孩子面前突出父亲的正面价值。

比如，很多父亲在外面工作，不知道孩子的具体情况。母亲就要多去和丈夫讲述孩子每个行为背后的正面价值，不要去讲孩子的问题。由于男性的思维逻辑，一旦母亲提及孩子的不足之处，父亲往往会感到烦躁，容易冲动，从而可能做出伤害孩子的举动。比如，父亲会打孩子、讲道理、控制孩子等，父亲这样做的结果就可能会引起孩子巨大的对抗。所以高情商的母亲，一定是和丈夫讲述孩子的优点和正面价值。这样，丈夫的心情就会好，对孩子的态度自然就会改变，就很容易形成“爱的流动”。父子关系就会好。

在父子关系非常恶劣的时候，母亲还要帮助父子去理解对方。不要幻想通过讲道理就能改变父子关系，一定要用智慧。

比如，有一位母亲非常痛苦，原因就是孩子经常与父亲发生冲突。父亲脾气暴躁，孩子脾气也暴躁。因为父亲是做生意的，生意做得很大，很大男子主义，说一不二。这位母亲的做法就很智慧，她每天都把孩子的进步发给丈夫，有时还替孩子编织一些善意的谎言，发给丈夫。如母亲对丈夫说：“孩子今天跟我聊了很多心里话，孩子说，你每天上班很辛苦，但每天还坚持开车送他上学放学，他很感动。每次都想对你说谢谢，但一直都没好意思表达出来。孩子还说，他其实每次跟你生气之后都很后悔，感觉对不起你。孩子说到这些的时候还哭了。”其实当时孩子并没有说这些话，这些话都是母亲的智慧，她能感受到孩子的心情，所以就替孩子讲了出来。爸爸很是感动，回来主动和孩子拉近关系，孩子看到爸爸改变了，自己也就慢慢改变了，就这样，父子关系获得了极大改善。

若这位母亲试图强迫父子双方让步，父子关系将很难改善。因此，母亲以巧妙的策略处理，而非强硬对抗。我们应当坚信每个孩子都心怀感恩，同时也要相信所有父亲都有浓浓的爱子之情。如果“善意的谎言”能带来家庭的幸福，我们为何不用呢？

◎ 案例

学员 A：我丈夫就是这种，逻辑思维强，爱讲道理，但是情绪感受方面弱，他的一些说话语气，孩子不认同，我也不敢苟同，不过他最近认可先止语，有时，我也想与他沟通一些情绪管理方面的问题，但每次话到嘴边，我还是止住了，我担心这会让他有被改变的感觉，从而产生抵触情绪。

学员 B：我的丈夫也不太理解孩子的心理需求，但与孩子的对话却能滔滔不绝。通常情况下，孩子说了三句，他却能说上七句，结果往往是倒置的。他喜欢在对话中展示自己的知识广度……自从我选择不参与和不干预后，儿子反而开始喜欢听他讲话了。有段时间，我们会故意调侃说："爸爸又要显摆自己有文化了。"以前丈夫一抢话题，我儿子就生气。后来，我在当中调剂，我接纳后，孩子也接纳了。现在他们统一战线，常在一起显摆"上知天文下知地理"。

学员 C：我也分享一下开学两周来的心得。

在过去的两周中，儿子未能合理安排玩游戏和学习时间。孩子的父亲因此感到非常生气，认为玩游戏对学习造成了影响。我对儿子表示理解，一方面对他表示共情，因为学习压力大，需要在游戏中寻找释放。另一方面，我也对孩子的父亲表示共情，认同孩子在这方面确实处理得不够好。

后来，我介入促进了父子之间的沟通。我问儿子知不知道为什么父亲会生气，他回答说是因为父亲爱他，担心游戏会影响学习。我提议，如果他感到压力过大，可以减少一些学习时间，儿子回答说不用减少，他会自己调整安排。我将儿子的这一决定告诉了他的父亲，并对儿子进行了表扬，希望父亲能够信任儿子，给予他更多的自由空间。

这一周，儿子已经作出了一些调整，昨晚就完成了部分作业，并且在学习中取得了听写满分的成绩。我认为儿子是自律的，但成长是一个过程，他不可能一蹴而就做得非常完美，这需要家长的耐心等待、多加信任和少些控制。

我：× 姐做得很好，父子关系好不好，妈妈调节很重要。高情商的妈妈是一边共情丈夫 + 夸赞孩子亮点，一边共情孩子 + 夸赞丈夫亮点。

3. 学会改变，共同成长

有的父母会问我，他们已经在学习了，但是他们的配偶十分固执，不愿意学习。一个人的改变似乎不足以带来影响，该怎么办？

夫妻共同学习当然是理想的状态。然而，在现实生活中，我们常会发现情况并非如此理想。因为总有些夫妻一方不愿意参与学习，而另一方则愿意率先学习和成长。无论是谁先开始学习，首先需要改变的便是对另一方的态度。想象一下，如果一方学习后对另一方的态度毫无改变，反而用学到的知识来指责对方，那么另一方会有何感受？可能会认为学习不过是一种控制或攻击的手段。

这种感觉会让他们心情极其糟糕，因此更不愿意共同学习。相反，如果一方通过学习真正在夫妻关系中承担起责任，作出积极的改变，另一方就会感受到学习的益处，这样夫妻双方参与学习的可能性就会大大增加。因此，一方学习的目的应当是更好地爱护另一方和孩子，而不是将其作为攻击和控制的工具。

其实很多成功案例表明，夫妻中只要有一方愿意学习改变，成为爱的源头，并不停地给家人输送爱的能量，这个家庭就会在爱的暖流中慢慢发生改变。

在夫妻关系中，双方应该共同承担责任，而不是过分计较个人得失。家庭本是基于爱的地方，其目的都是让家庭更和谐，让孩子在爱的氛围中更加健康地成长。在日常工作中，我们常会遇到这样的疑问："为什么要我先改变？为什么对方不能先改变？"实际上，幸福的婚姻通常是双方共同成长的结果。然而，现实情况是，参与学习的父母中有超过95%是母亲，因此不得不让母亲们先承担起责任。同样，我也会将这一理念传达给父亲们。在夫妻关系中，总需要有一方先行改变。我们发现，只要有一方开始改变，另一方就会受到影响。因此，我们应成为家庭幸福的引领者，而不是永远扮演受害者的角色。

在夫妻关系中，一方的一些小小改变往往都能引发另一方的积极反应。因此，夫妻双方都应当成为维护家庭这个港湾的重要力量，当任何一方力不从心时，也无须自责。要先学会爱护自己，因为只有当自身充满能量时，才能更好地帮助孩子。

扩充1：爱自己的七个层面

爱自己的第一个层面：吃好、喝好、睡好、冷暖照顾好，健康长寿。

爱自己的第二个层面：扩展自己的知识面。

爱自己的第三个层面：接受自己的一切。

爱自己的第四个层面：正确对待自己的情绪，允许它们的存在，重视它们的表达，接受它们的爆发。

慢慢学习与之相处，疏导、不抗拒、不评判、觉察、转化、疗愈。

爱自己的第五个层面：去"深挖"、察觉情绪背后的原因，并疗愈。

爱自己的第六个层面：我们身体的每个细胞都有许多记忆和印痕，每一个情绪都是这些古老印痕的表达。我们能与每个情绪和解，并深深地爱上每个情绪，这就是最好的疗愈。

爱自己的第七个层面：通过学习，让自己知行合一。

扩充 2：“讨好型性格”建立边界的八点建议

一是任何问题，都可以不带情绪表达自己的想法。

二是不要什么事情都自己承担，学会划清界限。

三是不用把“对不起”挂在嘴边。

四是尽力而为，不用为帮不到孩子而内疚。

五是不要追求完美，你的能力也是有限的。

六是坦然接受一切情绪。

七是无须看别人的眼色。

八是学会取悦自己，做让自己开心的事情。爱自己，才能让家庭更幸福。

六、父母应该如何提升孩子和伴侣的安全感

幸福的家庭需要精心经营，而经营家庭的前提是拥有足够的能量与正确的方法。因此，夫妻双方应先增强自身的能量，然后学习有效的经营技巧，从而让孩子和伴侣也感到更加安全。

孩子的性格主要是在三岁之前形成的。安全感也是三岁之前建立的，孩子后期的表现都是早期安全感的复制和投射。孩子越没有安全感，就越会表现得胆小、敏感、分离焦虑、爱哭、畏难情绪等。孩子在三岁之前，若能获得充分的安全感，将有助于他们顺利进行个体分离，未来便能培养出健全的人格，从而胜任任何应尽的责任。

孩子出生之初，父母都会无条件地接纳他们，虽然这时的孩子可能并不如想象中那么可爱，甚至像个“小老头”，但父母依然无怨无悔地照顾他们，处理他们的生活起居，且不带任何嫌弃或不悦，甚至面对孩子时常常是满脸的喜悦。父母经常以微笑注视孩子，这种眼神让孩子感受到被爱和接纳，从而认为自己是可爱且受欢迎的。这样，父母与孩子之间便建立了深厚的情感联系。孩子会将父母视为生命中最亲密的人，这种情感连接是未来父母成功教育孩子的关键因素之一。

如果父母因工作繁忙而无暇照顾孩子，往往会将孩子托付给他人抚养。这样一来，孩子对父母的依恋感会减弱，而将这种依恋转移到实际照料他们的人身上。因此，很多孩子与父母的关系并不亲近，反而与照顾他们的祖父母或外祖父母建立了深厚的情感联系。孩子们心中虽然知道“父母”这一概念，但对他们却缺乏真正的感情。随着时间的推移，即使父母试图介入教育孩子，由于缺乏情感基础，孩子与父母的关系可能会变得更加疏远。

通常建议在孩子达到三岁后开始逐渐与母亲进行心理上的分离，虽然孩子出生时通过剪断脐带与母亲的身体分离，心理上的独立却是在孩子三岁之后逐

渐形成的。如果在孩子三岁之前，母亲很少陪伴或几乎未曾陪伴，孩子可能难以完成这一心理分离过程。这种情况下，孩子可能会缺乏安全感，表现出分离焦虑。即便脐带已剪断且孩子年龄已超过三岁，他们可能仍会依赖母亲，寻求母亲的关爱和保护。例如，在送孩子到幼儿园时，他们可能会因焦虑而哭泣并呼唤母亲。相反，如果母亲在孩子的前三年中能够提供稳定的情感支持并始终陪伴在侧，孩子在母亲离开时便能保持平静和稳定，表现出良好的心理分离。在孩子三岁之前，父母在几个重要的时间节点做好了，孩子就会很好地成长。也有的父母会问："我家孩子已经 8 岁了，该怎么提供安全感呢？"其实，安全感是任何时候都可以提供的，只要父母能够及时地调整，一切都是不晚的。父母要具备 30 年的教育思维，想想三代人的幸福，而不是纠结当下，孩子出现问题就是一面"镜子"照出父母的问题，只要及时醒悟，一切都是来得及的。如何增加孩子的安全感，我们来详细地介绍一下。

第一点：父母的情绪稳定性对孩子的影响极其重要。如果父母表现出焦虑或持续的负面情绪，如常常愁眉苦脸，并且他们的心情随孩子的成绩波动，这会对孩子产生深远的影响。可以设想，当孩子频繁面对父母的这种情绪时，他们可能会感到心神不宁。在这样的环境中，孩子的内在安全感可能会受到严重破坏。

第二点：所有父母都知道不应该打骂孩子。然而，许多父母在情绪失控时仍可能对孩子进行体罚，这种行为会削弱孩子的安全感。

第三点：不要骂孩子。

第四点：放下家庭教育"六把刀"，摒弃焦虑症、强迫症、功利心。

若父母能够实现上述四点，孩子的安全感将逐渐增强。根据多年的观察和经验，父母常常会因情绪不稳定而遇到难题，因此，情绪管理对于父母而言极为重要。

根据多年经验的总结来看，在夫妻关系中，妻子通常是最敏感，最需要关怀的一方。妻子通常需要三种感觉：一是需要安全感，很多妻子希望丈夫踏实、靠谱、老实、顾家有责任心；二是需要重视感；三是需要得到丈夫的疼爱与关心。丈夫如果能满足这几点，妻子的需要就会被满足，妻子就不会有太多的情绪。丈夫在婚姻里面想要什么？总结来说就两种感觉。一是需要生理方面的需求；二是需要被欣赏、被看见、被崇拜。把这两点满足了，对于丈夫来讲，在婚姻里面就会获得满足感和安全感。

夫妻双方在确保孩子感到安全之后，也应关注满足自身的需求。多年来，我见证了许多父母扮演救世主的角色，倾注爱心于周围的每一个人，却常常忽略了自己的需要。结果，他们常常感到“遍体鳞伤”和极度焦虑。力量枯竭的父母难以为家庭带来充足的滋养，爱自己是终生幸福的基石，因为没有人能给予他人自己所缺乏的东西。我们必须了解，每个人的安全感既来自外部环境，更源自内心。根据经验来看，内在的安全感包含六个方面。

一是独处的能力。独处的能力一定是积极向上的，内心是充满激情和力量的。比如，我一个人在家里，早上6：00起床，看书、学习讲课和家长互动，整个人充满愉悦的感觉。这个过程不孤独、不寂寞，也不无聊，内心充满祥和，这叫独处的能力。

二是有清晰的界限。活在这个世界上一共有三件事情，第一个是上天的事情，第二个是别人的事情，第三个是自己的事情。只要做好自己的事情就行了，剩下的都是上天和别人的事情。我们与其过于关注“管天，管地，管空气”，不如关注和管理自己易受干扰的内心。父母应当设定明确的界限，避免过度迎合他人。许多父母具有讨好型人格，试图取悦妻子或丈夫、长辈和孩子，但往往结果并不如意，最终不仅未能成功取悦他人，反而使自己陷入了深深的痛苦和焦虑之中。讨好的行为意味着允许他人无视并践踏自己的界限，仿佛没有自己的界限，即便他人伤害自己，自己还需以笑脸相迎，这实在是一件非常悲哀的事情。

三是不要陷入受害者的情绪当中。孩子不遵从指导，丈夫或妻子不常回家，父母性情急躁，感觉他们不爱自己……自己的生活充满了苦楚，似乎总是他人的过错。许多父母一遇到困境，往往首先归咎于他人，这正是典型的受害者心态。处于这种心态中的人往往看不见自身的问题，从而容易归咎于环境或他人。如此在人际关系中，便难以建立起和谐的相处方式。父母需要学习如何摆脱这种受害者思维，因为如果思维模式不改变，真正的幸福也将无法到来。

四是不要有拯救情结。拯救丈夫或妻子、孩子、父母这一任务，事实上是永远无法成功的，尤其是拯救父母，没有任何一个孩子能真正完成这个任务。在这个世界上，有两件事是注定无法实现的：一是拯救父母，二是改变伴侣。当人们试图投身于这两种拯救行动时，他们最终将发现这是一场无法取胜的挑战。

有一个学员，父母都七八十岁了，父母吵架她就很痛苦。这位学员之所以会这样，就是她在小时候只要父母吵架，她就要做一个好孩子，帮父母和解，变成一个“小大人”，处理父母的情绪。或者为了满足父母的需求，压抑自己做一个听话懂事的好孩子。听话懂事的结果是自我压抑，这种长期的情绪压抑，久而久之，就会出现情绪的问题。

五是提升人际关系能力。人际关系的范畴广泛，包括夫妻关系、与父母的关系、与朋友的关系、与自己的关系等。许多人情绪不稳定，甚至存在焦虑，那么其亲子关系和婚姻关系也极不稳定。

六是有良好的情绪管理能力。父母的情绪焦虑往往与原生家庭的影响相关。与父母的关系象征着一个人与世界的关系，许多孩子在人际关系上遇到问题，其根源通常是与父母的相处及沟通出现了障碍。能与父母和谐相处的孩子，通常也能与周围的人和谐相处。相反，如果孩子与父母的关系出现问题，其与他人的关系也可能会受阻。在原生家庭中，每个人都可能受到各种伤害和影响，这些被称为“家庭受害模式”。处理这些“家庭受害模式”的能力越强，一个人的人格就越稳定、越独立，也越强大。

很多家长可能第一次听这个词，什么是“家庭受害模式”。举个例子，假设原生家庭中父亲脾气很暴躁，经常打骂孩子，孩子就会害怕那些脾气暴躁的男人，就很难与脾气暴躁的男人相处，这就叫“家庭受害模式”。

再比如说，当父母没有太多时间和孩子沟通的时候，孩子就不善于沟通，这也是孩子另一种的“家庭受害模式”。

很多妈妈学员，是讨好型人格，她带出来的女孩有很大概率也是讨好型人格。这种讨好型人格也称为一种“家庭受害模式”。

七、夫妻教育中的“爱恨情仇”

在世界上，夫妻关系可能是最难处理的一种。两个人没有血缘联系，分别来自不同的家庭背景，每个人背后还有复杂的家族影响，这导致他们在思想、人生观、行为习惯等方面存在差异。两个如此不同的个体想要共同生活幸福，需要通过磨合、修炼和共同成长来实现。然而，很多父母都沉浸在自己的世界中，未能意识到自身的问题，而是尝试改变伴侣。在尝试改变对方的过程中，常常遭遇挫折，因为他们想要改变的人，也在试图改变自己。许多夫妻互相试图改变对方数十年，却毫无成效。在痛苦中他们最终领悟到一个真理：试图改变他人是徒劳的，改变自己才是智慧。

事实上，许多父母虽然屡次受伤，内心仍抱有一线期望，在等待配偶改变的同时，还需面对子女教育的挑战，这无疑雪上加霜。若两人关系本就不佳，却还需共同面对教育子女的责任，这无疑是一件极为痛苦的事情。如果没有孩子，夫妻或许还能维持“冷战”的状态。但孩子的存在使他们不得不进行沟通。两个本就存在矛盾的人，现在需要团结合作，难免会引发新的冲突。

我见过许多父母，他们在教育观念上存在分歧，这与他们的思想差异有关。两个人思想不一致是常见的情况，但如果关系良好，夫妻之间可以通过沟通解决分歧，最终达成一致。良好的关系非常重要，如果夫妻关系本身就存在冲突，在面对孩子教育的诸多问题时，结果往往是“战争”和“冲突”。从我的角度看，评价夫妻关系的一个重要指标，就是双方在教育观念上是否能够达成一致。

家庭中，夫妻关系是基础，其良好与否决定了家庭的幸福。一个幸福的家庭环境是孩子健康成长的关键，尽管多数父母都明白这一点，但在现实生活中，彼此间的相互指责仍难以避免。常见的问题包括：抱怨对方过于严厉、不尽责、情绪不稳或忽视家庭等。夫妻在责怪对方时往往带有情绪，最终可能伤害到彼此。我多年的研究表明，孩子出现问题往往是父母共同教育的结果，这是双方共同的责任，因此问题应由夫妻双方各承担一半。如果父母没有这种共同的责任的意识，接下来就只会是无休止的相互指责。

我印象最深的是有一对夫妻来咨询的时候，他们对彼此都有很大的情绪。丈夫上来就开始数落妻子的各种不是，妻子也是不甘示弱，对丈夫的不满更多，咨询还没开始就在咨询室吵起来了。看到这种局面我只能保持淡定，先让他们吵一会，等他们吵累安静下来的时候，我才开始说话。我看着这对夫妻开始发问："我问你们一个重要的问题，孩子已经出现了比较严重的问题，你们夫妻各占多少责任？"这时，丈夫率先开口："我 3 分，妻子 7 分。"丈夫说完，妻子也立马开口："我觉得我 2 分，丈夫 8 分。"一时间火药味十足。请注意，这对夫妻正处于典型的相互埋怨的状态中，实际上他们都未能清楚地认识到自己的问题。经过我近两小时的沟通，这对夫妻最终平静下来，母亲含泪，父亲在一旁抽烟。他们最终共同意识到，孩子的问题是由他们共同造成的。事实上，孩子出现问题时，父母双方都有责任！因此，父母应停止相互抱怨，共同学习如何帮助孩子。

在我看来，当夫妻在教育观念上出现分歧时，双方应首先从战略高度寻求变革，变革的过程只有在双方各自认识到自身问题时才能真正开始。如果夫妻双方无法自行达成一致，则可以考虑借助外力以实现目标。接下来，我将从九个具体问题进行讲解，其中涉及五个妻子的问题，四个丈夫的问题。

1. 妻子存在的五个问题

妻子第一个常见问题：情绪波动较大。这部分原因是妻子的情感感知能力是男性的 16 倍。对于同一事件，丈夫可能觉得无关紧要，而妻子则可能感到深受伤害，这种先天的差异性往往使女性表现得更为情绪化。情绪化的妻子通常会表现出两种态度，其中之一是讨好。讨好型的妻子内心敏感、压抑且痛苦。她们从小讨好父母，长大后讨好同事，婚后讨好丈夫，生子后讨好孩子，始终处于一种讨好的模式。这种模式往往导致悲惨的结果，她们认为通过讨好可以维护好夫妻关系和亲子关系，但实际效果往往恰恰相反。一旦妻子开始讨好，她们就会失去自我边界，丈夫可能因此而缺乏对妻子的尊重；讨好孩子，孩子最初可能会顺从和理解，但终会变得叛逆，因为讨好本质上是一种“陷阱”和另一种形式的控制。

我观察到许多妻子在讨好自己的孩子，结果往往是孩子对她们呼来喝去。因此，这些妈妈会感受到极大的痛苦，并陷入以下逻辑思维中：我为家庭付出了那么多，无论是洗衣做饭还是其他家务，几乎都由我一人承担，我付出了这么多，为何丈夫对我还这样无情？孩子为何对我这样愤怒？我相信这位妈妈终将明白，当你讨好他人时，你就失去了自我界限，没有界限的人，容易受到他人的伤害。那些有讨好行为的妻子通常生活得非常痛苦，讨好的女性必须对自己有所认知，唤醒自己的界限，没有自我界限，他人就有可能伤害到你。

妻子第二个常见问题：妻子比较能干、急躁、强势。这样的妻子往往会找一个相对“弱势的男性当丈夫”，我们叫“女强男弱型”。这种类型是比较常见的，根据我的经验来看，凡是孩子出现重大问题的家庭，往往都是“女强男弱型”。

一个强势的妻子，往往会看不起自己的丈夫。强势的妻子往往事业上都很成功，正是因为事业上的成功，往往就会拿自己的事业与丈夫比较，而丈夫往往没有妻子能力这么强，妻子本能地就会有情绪。常见的就是夫妻一起做事情，妻子的业务能力更强，如果没有妻子，可能业务就会出问题，所以丈夫往往显得没那么重要。

许多妻子在看到这些描述时会感到情绪波动，她们的逻辑是：“我的丈夫确实无能，我凭什么要欣赏一个无能的男性？”站在妻子的角度，我们可以理解她们的情绪。但如果换一个角度来看，可能会有新的见解。即越是强势的妻子，内心往往越脆弱，她们选择看似能力不强的丈夫，是因为在初识时，这样的男性能给她们带来踏实、可靠和安全的感觉。妻子选择这样的丈夫，实际上是在寻找安全感，然而，能给予妻子安全感的丈夫通常是家庭型而非事业型。

婚后，妻子往往忘记了初衷，开始期望丈夫变得更加坚强、勇敢、果断、自信、洒脱和有能力，试图改造丈夫。她们忘记了丈夫的本质是一个踏实可靠的人，而非她们理想中的完美形象。当丈夫无法满足这些期望时，妻子便开始不断地指责和抱怨，这不仅让丈夫感到压抑，还会破坏夫妻关系，同时对孩子也产生不良影响。如果家中有女儿，她往往会认同妈妈的看法，认为爸爸软弱，从而可能继承妈妈的强势性格，并有很大可能性选择一个类似于父亲的男性作为伴侣，重演与父母相似的生活模式，这种现象就是所谓的“代际相传”。

这种家庭环境也会对男孩造成影响。当母亲责备父亲时，男孩通常也会完全认同。他们潜意识里的逻辑是：“我与父亲都是男性，父亲是我的榜样，既然父亲是这样，我肯定也会如此。”因此，男孩极有可能继承父亲的性格，成为那种“无能、懦弱、不勇敢、不自信、能力不足的男孩”。更加危险的是，长大后的男孩很可能会选择一个性格与母亲相似的女孩为妻，从而重复相同的生活模式。

因此，强势的妻子往往感到非常疲惫，因为在她看来，丈夫无能，儿子懦弱，女儿叛逆。到了中年，她会感到身心俱疲，身体逐渐吃不消，丈夫既不能提供帮助，也无法给予温暖和安全感。孩子们又不听话，使她感觉自己陷入了巨大的痛苦中，感到极度无奈。实际上，在我们的学员中，这类妻子的比例超过了80%。

妻子第三个常见问题：在家庭当中，喜欢“拉帮结派”，联合孩子一起来对抗丈夫。在一些家庭中，父亲由于长期在外地工作而不常在家，因此对家庭事务的关注较少，家庭重担自然就落在妻子身上。由于过于辛苦，妻子会对丈夫产生许多怨言，并经常在孩子面前表达这些不满。孩子长期听到母亲对父亲的抱怨，便会逐渐认同母亲的观点，并对父亲产生怨恨的情绪。在我们的原生家庭疗愈课程中，我们发现很多孩子对父亲的怨恨大多源于母亲的影响。

由于妻子长期独自育儿，她可能会感到缺乏安全感，情绪压抑，整体能量状态不佳。这种情况下，妻子很容易将情绪发泄到孩子身上，从而对孩子造成伤害。更严重的是，当孩子看到母亲情绪低落时，可能会变得异常听话和懂事，试图拯救母亲。一旦孩子尝试拯救母亲，就感到极大的痛苦。在这个过程中，孩子还会累积对父亲的怨恨。

妻子第四个常见问题：“高压+甩锅式教育。”许多妻子对孩子的学业抱有极高的期望和要求，从孩子年幼时就为其学习制订了详尽的规划，哪怕是“搅得天翻地覆”也要迫使孩子取得优异的成绩。因此，很多孩子从小就几乎没有享受到真正的“童年”，所有时间都花在学习上。长期处于这种压力之下，孩子逐渐会出现许多情绪问题，但妻子往往只关注分数，而忽视了孩子的情绪状态。在这种情况下，一般家中的丈夫对孩子的学业成绩并不如妻子那样极端关注。当丈夫看到妻子和孩子因学习问题频繁发生冲突时，一般会尝试干预，但这样的干预通常会引起妻子极大的愤怒。妻子的逻辑是："你根本不理解，不但不支持我，还责怪我。"最终，丈夫为了避免冲突，通常会默认妻子的教育方式。

实际上，许多妻子在教育孩子时对学习的态度各不相同，有的丈夫觉得妻子管得太严，有的妻子觉得丈夫管得不够，双方始终不在一个频道上。夫妻的这种不一致性，最终伤害的是孩子。再加上孩子长期处于高压的学习环境中，最终很可能会出现严重的问题。当问题真的发生时，丈夫可能会趾高气扬地责备妻子："我一直告诉你不要对孩子管得太严，你就是不听，现在好了吧，孩子都出问题了。"当母亲听到这样的指责时，内心会更加愤怒和委屈。面对丈夫的逼迫，妻子感到非常无力，最终只能放弃对孩子教育的控制权。

当丈夫接管孩子的教育后，起初可能感到很高兴，并采用自己的方式来教育孩子。多数情况下，丈夫的教育方式更加宽松，几乎让孩子自行安排学习。但结果往往是几乎不进行管理。当孩子从之前的高压环境突然转变为极为轻松的环境时，孩子的学习态度可能会放松，短期内成绩显然会有所下降。看到孩子成绩下降，妻子就会变得更加愤怒，对着丈夫指责："你的教育方式不是很好吗？为什么孩子的成绩不但没有提高，反而下降了！我管的时候至少成绩没降，孩子还能认真学习，你这样放任不管，孩子根本就不学了……"当丈夫听到这些指责时虽然生气，但看到孩子的成绩也确实感到无奈，最后只能接受现实。

问题的根源在于，尽管丈夫认为妻子的教育方式不当，但他自己对于正确的教育方法也并不清楚。见到妻子对孩子的严厉导致孩子痛苦，丈夫便倾向于采取更宽松的方式。然而，想要有效教育孩子，仅仅不严格是远远不够的。这表明，无论是父亲还是母亲，双方都缺乏有效的教育策略，这正是他们需要共同进步的地方。事实上，父母双方都尚未在教育上成长到位，他们在教育孩子的过程中仿佛是"摸着石头过河"，每个人都在孩子身上试验自己的教育方法！最终受到伤害的，无疑是孩子。

妻子第五个常见问题：在家庭中，大多数情况下妻子主管孩子的教育。这实际上是非常危险的，因为教育应当是夫妻共同的责任。单由妻子负责，孩子出现问题的概率极高。妻子普遍存在的问题包括情绪不稳定、过度重视成绩、过多唠叨等。当妻子盲目地教育孩子时，孩子在小的时候可能表现尚可，但随着孩子成长，问题往往会显现。遇到教育问题时，妻子常常会寻求丈夫的帮助，视其为“救兵”。然而，大多数丈夫也未接受过相应的教育培训，对待孩子的方式简单粗暴，最常见的表现是对孩子施加体罚。每当妻子向丈夫抱怨一次，丈夫便可能对孩子进行一次惩罚。下面的这个案例就颇为典型。

一位母亲与孩子达成协议，每天使用手机时间不得超过一小时，约定时间一到，母亲便会收回手机。然而，有时孩子并未立即交出手机，而是请求稍等一会儿，母亲为此情绪激动，认为孩子不守规则，便试图强行夺取手机。孩子拒绝交出，双方争执升级，母亲在愤怒之下打了孩子，并摔坏了手机。孩子情绪同样激动，踢了母亲一脚。

事后，孩子的行为使母亲深感痛苦，她向丈夫诉说了整个事件。丈夫听后大为恼火，严厉地批评了孩子，并要求孩子向母亲道歉。孩子不接受，父子发生了激烈争吵，父亲在愤怒中也动手打了孩子。孩子在冲突中打碎了父亲的眼镜。最终，母亲报了警。这一系列事件反映了家庭教育中的沟通问题和冲突处理方式的严重性。

上述案例并不罕见，表面看似孩子不听话，但稍具洞察力的父母应能认识到，问题主要出在父母身上。首先，母亲情绪不稳，她不应试图夺取孩子的手机，更不应在情绪失控下破坏手机，这样的行为先激怒了孩子，然后她又去寻求丈夫的支持。在这种情况下寻求丈夫的帮助极其危险，因为丈夫很难保持中立，通常会站在妻子一边教育孩子。但在情绪化的状态下，孩子很难接受父亲简单粗暴的处理方式。当面临尊严受损时，许多父亲倾向于用武力解决问题，然而面对可能身材高大的青少年，父亲未必是对手，最终可能导致双方都受伤。这一过程中，母亲间接地引发了父子间的矛盾。

2. 丈夫存在的四个问题

下面着重探讨丈夫常犯的四种错误。

丈夫第一个常见的问题：有些丈夫认为教育孩子主要是妻子的责任，而自己的任务则是赚钱。因此，当孩子表现出问题行为时，这些丈夫往往情绪激动，并将责任归咎于妻子。面对这种指责，妻子自然会感到愤怒，结果往往以争吵结束。很多时候，丈夫回到家中感到压抑和痛苦，思考自己努力工作的意义，并希望回家后能有片刻的宁静，但却遇到不愉快的家庭环境。在无法控制情绪的情况下，丈夫可能会责怪妻子，批评她不仅没有工作，还未能妥善教育孩子，这种发泄方式无疑会对妻子造成巨大的伤害。

妻子内心同样充满了委屈和情绪，事实上，大多数妻子完全有能力外出工作，任何一个妻子，如果选择放弃家庭和孩子，都能找到一份工作。然而，许多妻子出于对家庭和孩子的爱，选择牺牲自己的职业以全心全意地教育孩子。这种牺牲往往没有得到丈夫的理解和认可，丈夫的工作虽然辛苦，但妻子在教育孩子的过程中也同样面临着压力和挑战。她在处理与孩子的冲突中产生了大量的负面情绪和痛苦，这些都是她难以排解的，在妻子感到痛苦、迷茫、无奈和压抑时，丈夫却往往无法提供实际帮助。因此，妻子会积累大量的负面情绪，而这些情绪最终会影响到孩子。

在这种情况下，仅仅给妻子经济支持是远远不够的。女性最根本的需要是被看见和重视，最理想的丈夫应该能够在情绪上支持妻子。当丈夫在这方面做得不够时，妻子只能自己寻找出路，这也是为什么许多妻子选择学习心理学作为一种解脱方式。因此，一个明智的丈夫不仅要擅长挣钱，还需要学会如何处理妻子的情绪。

丈夫第二个常见的问题：采用简单粗暴的教育方式。大多数丈夫在教育中缺乏耐心，往往采取简单粗暴的方法。我观察到许多丈夫在与孩子，尤其是与男孩子的互动中，经常发生冲突，甚至肢体对抗非常常见。多数丈夫平时很少参与孩子的教育，但当孩子出现问题需要丈夫介入时，他们往往本能地采取说教的方式，这使得孩子产生强烈的情绪反应，最终与父亲对抗。大多数丈夫有较强的征服欲，当与孩子发生冲突时，丈夫通常会使用暴力来制止。

此外，当丈夫对孩子使用暴力时，他的情绪不仅针对孩子，往往还混合了对妻子的不满。丈夫可能认为妻子没有将孩子教育好，如果直接向妻子发泄情绪，可能会引发争吵，因此他可能会借打孩子的方式来发泄对妻子的不满。

我认为，明智的丈夫应当采用非暴力非责骂的方式来表达对妻子和孩子的爱。丈夫往往偏好强硬的对抗，然而这种方式并不理想。为了改善自身的生活体验，丈夫需要学习如何将刚毅与柔和相结合。这包括采用妻子的沟通方式与妻子相处以及用孩子的方式与孩子交流。这种方法能够帮助丈夫在家庭关系中实现更和谐的相处模式。

丈夫第三个常见的问题："顾此失彼。"许多丈夫与妻子的关系并不和谐，对妻子的教育方式也感到不满，因此回家时便感到不适。除了倾向于简单粗暴的方式外，大多数丈夫有时也倾向于逃避问题。当丈夫在家中感觉不到心灵的滋养时，往往会将精神需求转向外界——如亲戚或朋友。因此，许多丈夫经常不愿回家，遇到问题后更倾向于与亲戚朋友讨论，逐渐与他们建立较深的情感联系。加之丈夫通常较为讲究义气，一旦朋友遇到困难，他们往往会立即前往帮忙。这种行为往往导致家庭中的大事被忽视，也忽略了妻子的感受，从而与妻子产生更多的矛盾。特别是当丈夫在妻子与母亲之间的问题上，常常站在母亲一边，这种做法是不恰当的。家庭中最基本的关系是夫妻关系，若夫妻关系不和谐，家庭的其他方面也容易出现问题。

丈夫第四个常见的问题：许多丈夫认为教育孩子应顺其自然，但这种"顺其自然"往往表现为不闻不问。当孩子出现问题时，这些丈夫通常采用简单粗暴的教育方式。由于丈夫通常逻辑性较强，在与妻子的争吵中往往不顾感受，只在理性层面与妻子对抗，这样的"讲道理"常使妻子感到更加愤怒。新时代的优秀丈夫不仅需要学会处理孩子的情绪，更应学会理解和处理妻子的情绪，成熟的丈夫应既具备力量又有温情。

一个成功的家庭需要经营和维护。每位夫妻都有自己的局限，若不能设身处地为对方考虑，互相体谅，夫妻双方若只从自身受害的角度出发相互指责，则最终无法相互提供所需的支持，形成"两乞丐互相要爱"的局面。教育观念的不一致往往反映了夫妻关系的不和谐。夫妻应停止抱怨对方，团结合作，统一教育观念，共同促进孩子的情感智力发展，从而使家庭更加幸福和美满。

婚姻既复杂又简单，复杂在于无数琐碎的问题可能成为抱怨的源泉，而简单则在于，双方稍作改变便可能迎来幸福。在我进行的众多婚姻咨询中，我得出一个结论，无论婚姻走到何种地步，夫妻双方仍深具感情。只要能放下过去，共同展望未来，任何婚姻都有可能长久维持。在咨询结束时，我常让夫妻双方向对方承诺，他们通常都会认真对待，这常使我深受感动。因此，一段稳定幸福的婚姻不是靠等待和抱怨得来的，而是经营的成果。

还有人表示，夫妻之间的感情已经转变为亲情。事实上，这是一种美好的状态。长期的夫妻如同多年的挚友，能够携手共度一生，便是至高无上的幸福。因此，经营婚姻要像朋友一样相处，保持独立的同时互相依赖，两人的磨合是必要的，但无须放弃或牺牲自己。

第四章　浅谈情绪和疗愈

一、偏差行为的孩子常见的三大情绪及解决方案

1. 焦虑情绪产生的原因

第一，父母很焦虑，长期传递焦虑给孩子，让孩子一直处于焦虑的环境中，情绪得不到释放，一直压抑。

第二，孩子处于长期没人懂、没人理解的状态里，同时孩子情绪长期压抑，最终导致内心很焦虑、敏感、多疑、性格暴躁。

第三，孩子对学习的过度重视常源于其过分关注学业成绩。这种关注往往根植于父母对学业的高要求或者无意间传达给孩子的暗示，即学习成绩的重要性。一味的学习会使得孩子在学习过程中感到焦虑，尤其是在青春期、初中和高中阶段，当学习难度逐渐增加时，这种焦虑更为显著，最终可能演变成考试焦虑症。

第四，孩子在家庭中试图取悦或者拯救父母，以及挽救整个家庭，但这种努力往往是徒劳无功的。相反，这种行为只会加剧孩子的焦虑和痛苦。因此，只需妥善处理以下四个方面，便可有效缓解孩子的焦虑情绪。

一是父母需要放下对孩子学习的苛求和期望。回归现实，真正将学业交由孩子自行处理。无论孩子的成绩如何，我们都要持续地给予爱与支持。二是父母需要学会自我情绪管理。保持情绪的稳定，不再对孩子施加负面情绪影响，也不传递消极能量，从而让孩子能够自由轻松地成长。三是处理好夫妻关系至关重要，

以免孩子成为“拯救父母”的牺牲品，让孩子有机会成为真正的自己。四是父母需要学会有效地倾听、理解和同情孩子的情绪。只有这样，孩子的焦虑情绪才能够得到缓解。我进行过多次家庭心理咨询，以解决孩子的焦虑问题，通常情况下，经过几次心理咨询，便能看到显著的好转。

2. 强迫行为产生的原因

第一，父母若有完美主义倾向，孩子很可能会继承这一特点，这可以视为遗传现象。许多孩子表现出强迫行为的根源正是完美主义的结果，孩子发展完美主义倾向的原因往往与父母中至少一方的完美主义有关。当父母以完美主义的心态教育孩子时，孩子自然会受到影响，并逐渐将这种思维内化为自己的。完美主义者倾向于追求事事完美，不断地推动自己，这一过程可能会引发强烈情绪，长期累积的情绪可能导致思维扭曲。

举例来说，父母对孩子的学业要求过高，一开始可能只是父母的单方面观念，但随着时间的推移，孩子也会接受这种观念。即使父母不再强迫孩子，孩子也会自我施加压力，不允许自己不达标，从而在学业上出现强迫行为。一旦孩子陷入强迫行为，情绪问题也就难以避免。

父母必须自省，探究自己强迫行为的原因，并进行自我调整和疗愈。只有自己先改变，才能成为孩子的楷模。同时，父母应在孩子面前展示自己的脆弱，并采取以下方法：①坦诚、感恩、敬畏；②倾听、理解、同情；③告诉孩子自己也有局限性；④多向孩子请教，以孩子为师。

第二，孩子缺乏自信，而强迫行为往往是试图通过变得更好来弥补内心的空虚和自卑感。如孩子表现出一些较为普遍但不是特别严重的强迫行为，比如频繁洗手、反复确认事物、重复相同动作。首先，父母不应该指责孩子，而是主动接纳其行为，避免戴着有色眼镜看待孩子。其次，父母应该给予孩子积极的价值感，通过鼓励、强调正面价值观、进行积极的心理暗示来帮助孩子。经过一段时间的努力，孩子的问题往往会逐渐好转。

第三，孩子内心憋着很多压抑的情绪，而强迫行为成了孩子释放情绪的方式。

第四，孩子表现出强迫行为的心理逻辑是因为缺乏安全感。例如，有时候明明已经完成了某件事情，但仍然会反复检查，这其实是缺乏安全感的体现。

要通过增加孩子的安全感和自信来解决问题。只要我们采取这些措施，孩子便不再需要强迫行为，问题也会得到缓解。

关于强迫行为，有个案例在此与大家分享。

有位学员告诉我，她的孩子有着很严重的洁癖。衣服穿了一天只要流点汗也会脱下来洗，一天换好几件衣服，手只要拿了东西也会洗。冬天时把手都洗脱皮了。有时要外出，就会出门洗一次澡，进门洗一次澡，衣服里外全部都会换一套。随身还会带一小瓶酒精，自己觉得身体碰到什么就会拿出来喷一喷。最厉害的时候外出旅行，自备的一大瓶酒精一天喷完。现在，被家里狗狗碰到或者主动亲近完狗狗，又或者自己做了其他事，就会用清水冲洗一下皮肤和手，问孩子为什么，孩子说这样做了就会安心舒服。其实换个角度想，这是孩子为自己找到的释放情绪和压力的方式，父母应用平常心看待孩子的这些行为。就像吃饭，有的喜欢吃辣，有的喜欢吃清淡，个人喜好不同而已，切不可给孩子贴标签。

3. 不愿意沟通的原因

一是在家庭环境中，孩子与父母之间无法建立和谐关系，沟通不畅。父母常常无法理解孩子，因此孩子不愿意与他人交流。

二是在外部社交中，孩子发现自己的沟通无法得到别人的认可和信任，导致思维扭曲。孩子认为自己不适合与他人交流，认为沟通存在障碍，甚至害怕他人伤害自己。孩子对他人的态度非常敏感，因此不愿意与他人沟通。

这种情况下，需要先改善亲子关系，然后父母必须学会与孩子进行有效沟通。最后，核心问题在于解决孩子行为背后的情绪，情绪解决了，问题也就随之解决了。通过父母的“有效沟通 + 情绪处理”，孩子一定能够很快与我们建立联系。

一旦孩子能够与父母友好相处，他在人际交往中也会更友好。家庭和睦后，父母应多夸奖孩子，并强调孩子的正面价值观，这样孩子就会逐渐增强自信，孩子自信后，自然就会追求自我成长。

二、给孩子赋能，让孩子快速拨云见日

这些年来，我一直从事咨询工作，主要接触的对象都是出现行为偏差的孩子。在这个过程中，我接触了许多案例，也积累了大量成功的经验。在父母们系统学习的过程中，我都会仔细观察他们的学习情况，包括他们所做的努力、学到的知识和运用的技巧，以及他们的成长过程，我都了如指掌。

现在，我将这些成功的经验总结出来，目的是希望父母能够引导孩子走向光明未来。然而，孩子从行为偏差到取得卓越成就的过程并不是一蹴而就的，并且，许多父母在孩子出现行为偏差后仍然倾向于责怪孩子、伴侣、社会、学校和教师。目前仍然有一些父母尚未意识到自身存在的问题。对于父母的成长过程，可以概括为“开悟、觉醒、重生”。

这里强调“开悟”，即意识到孩子的问题源自家庭系统的问题。

孩子出现行为偏差，首先反映出家庭系统存在问题，孩子如同一面镜子，映射出整个家庭系统的问题。孩子的问题并非单纯是其本身的问题，而是整个家庭系统的问题。父母需要从系统角度入手，而非采取投机取巧的方式对待孩子。既然孩子的问题源于家庭系统，父母就应自身成长，否则，孩子的问题就难以解决。

我们进行过一项调查，调查了 1000 名孩子对父母的喜欢程度，结果显示有 80% 的孩子对父母有意见。孩子与父母的关系越差，孩子的问题就越严重，行为偏差也就越多。大部分孩子的问题源自家庭系统对孩子的影响。只有父母意识到这一点，才能避免将责任归咎于孩子，从而防止孩子走上错误的道路。

当孩子表现出行为偏差时，父母需要放下“六把刀”。

父母放下“六把刀”的核心在于消除焦虑、恐惧和担心，以真诚、爱、理解、尊重和接纳的态度与孩子相处。只有当父母拥有这些品质并让自己充满力量时，才能真正帮助到孩子。

接下来，我将提供五个非常核心的建议。

一是父母应学会“止语”。父母应学会控制言辞，避免无休止的唠叨。止语并非完全沉默，而是要有意义地表达，提升对方的能量。父母若言辞不慎，会伤害孩子，延续问题的产生。现在若不学习成长，继续唠叨只会加深伤害。止语是要避免继续使用过去的错误语言模式来伤害孩子，而是要讲述提升孩子能量的话语。

二是不要刻意关心孩子的一切细节。父母应设立明确的界限，标准是不求不助，有求必应。不必过分担心孩子的饮食、睡眠等情况。父母首先要保持情绪稳定，不因孩子的一举一动而大惊小怪。父母必须有足够的力量来承担孩子的一切。父母越焦虑，孩子就越冷静，而父母若保持冷静，孩子则会越焦虑。教育孩子就如同一场情绪稳定的马拉松，因此父母必须坚持到最后。

三是关于孩子的日常生活习惯，父母不必过分担忧。如果孩子不想吃饭，父母也不必焦虑，因为孩子饿了自然会进食。就算孩子一天只吃一顿饭，也不必为此烦恼。若实在难以控制，可以改变环境或进行自我疗愈。父母的焦点应该放在提升自己，将所有精力和能量用于自我成长，而不是过度关注孩子。

四是关于孩子的衣物清洁问题，父母应与孩子讨论，确立清晰的原则。如果需要父母帮忙洗衣服，父母便应该出手相助。若孩子没有拒绝或反抗，父母可以与孩子商量是否由孩子自行清洗衣物。一旦交由孩子负责，无论堆积成山也应当由孩子自行解决。父母不必过度操心，只需专注于自我成长。

五是父母在交流时不应直接给予建议。当孩子希望与父母交流时，父母应倾听、理解，并引导孩子自我反思，而非直接给予建议。直接给予建议会使孩子无法接受，也剥夺了孩子自我反思的机会。因此，父母应倾听、理解并共情，然后引导孩子自我反思。

听完这五个建议后，一些父母可能会陷入深思，这样做也不行，那样做也不行，到底应该怎么做呢？这其实是一个现实的问题，孩子出了问题意味着父母在教育方面存在很大的问题。如果父母在不改变的情况下继续使用过去的思维和方法，那么得到的结果只会是继续伤害孩子。许多父母始终没有意识到自己的问题，在孩子出问题后更加焦虑，而他们的举动都可能对孩子造成伤害。

但是，许多教师都知道，有些父母总想要做些事情，否则就会感到内心不安。当然父母可以做些其他的事情，但最有利于孩子的事情仍然是提升自己。只要父母稍微成长一点，孩子就会有所改变。尽管父母把焦点放在自己身上，看起来似乎没有关注孩子，但孩子能感觉到父母的成长，这也会影响孩子。有些父母可能会变得极端，认为这样那样都不行，于是索性不再管，这种做法是错误的。成长自己和不关心孩子的父母，看起来似乎都不关心孩子，但结果却截然不同。不关心孩子的父母基本上是不会有好结果的，而关注自己成长的父母则能真正帮助孩子走出困境。前者等到孩子变得强大后，孩子就不容易再次陷入困境，而后者即使孩子已经好转，也容易再次陷入困境。这就是许多孩子反复出现问题的核心原因。

父母必须放手，但前提是建立在爱的基础上。亲子关系是其他所有关系的基础，父母的心情不应完全受孩子的影响，他们应该放下对孩子的过度关注。同时，父母更应该先疗愈自己的创伤，提升自己的能量，这样才能够承担起孩子的情绪。只有通过个人成长，父母才能真正让情绪稳定下来，而不是一直担心孩子。此外，父母不必过度担心，总认为孩子的情绪需要自己去处理，很多时候，父母只需要做好自己就足够了。每个父母都有爱护孩子的能力和本能，只要做好自己就可以了。

我们可以提供几种方法来更好地帮助父母和孩子。

一是面对孩子内在的压力、情绪和扭曲的思维，父母应该帮助孩子转变这些负面观念。通过“赋能表”，父母可以用画面来展示孩子的情绪、思想和目标，从而纠正孩子的扭曲思维。

二是父母应该放慢脚步，意识到不是所有事情都需要完美的解决方案。他们不应该总是认为他们有答案，也不要过分给予孩子建议，因为这样做可能会适得其反。事实上，大多数时候，孩子只需要父母的支持而不是解决方案。如果父母强行给出解决方案，很可能会引起孩子的反感。

三是父母应该坚持以下三个原则来更好地处理问题。首先，对于已经约定好的事情，父母应该保持之前的做法。其次，要看孩子是否具备自己解决问题的能力。最后，要观察孩子是否带着情绪来对抗父母。如果孩子有情绪并且故意对抗父母，父母应该保持中立，不要过于强势，而是表达无法满足孩子的需求。通过坚持这三个原则，父母可以更好地处理各种问题，使孩子能够更快地走出困境。

父母的焦虑、压抑和痛苦会不断地影响孩子，使他们也感到痛苦。父母对工作、孩子的学业、未来和婚姻的种种担忧，实际上都是他们自己的问题，与孩子无关。如果父母不能认识到这种焦虑并妥善处理自己的情绪，让自己平静下来，那么他们就会不断地传递负面情绪给孩子和伴侣，这个问题也永远无法解决。

很多父母都心怀焦虑，这种焦虑不仅影响了他们自己，也成了家庭中的一股负能量。放下内心的焦虑，是新时代女性的追求之一，让自己摆脱焦虑的束缚。父母的担忧常常被孩子视为不信任的表现，这会对孩子造成深远的影响。

成长就是为了更好地认识自己，找回真实的自我。许多父母迷失了自己，也迷失了自我。他们沉溺于焦虑、强迫和功利心，将这些负面情绪带给孩子，最终导致孩子受伤、情绪累积，甚至出现问题。此时，父母需要自我成长、学习和愈合。只有不再责怪他人，让自己快乐，才能逐渐让孩子变得更好，家庭变得更加和谐。

“父母不破，孩子不立”，这句话说明了过去的思维模式、教养方式和情绪表达方式都存在问题，必须打破这些固有模式才能让新生代真正成长。父母自我成长之后，要学会快乐，这不仅仅意味着吃喝玩乐，更需要陪伴孩子、赋能孩子，帮助他们树立自信、表达情感，使家庭充满爱的流动。

父母对外界愤怒情绪的逃避，实质上是对自己不完美的恐惧。如果父母无法接纳自己，也就无法真正接纳孩子。接纳不是口头上说说，而是需要先自我愈合才能实现。

父母必须修炼自己，治愈内心的伤痛，真正成为家庭和谐的楷模。这时，孩子才能感受到父母的状态，才会向父母靠近，学习并模仿父母。

在家庭中，爱的流动至关重要。家庭关系可以用一个三角形来形容，包括夫妻关系和亲子关系两个方面。父亲的参与至关重要，母亲应该鼓励父亲参与孩子的教育。爱的流动是家庭关系中的关键部分，也是父母需要成长的一部分。当父母一方成长后，就需要修复与另一方的关系，只有父母和睦，孩子才能够快速改善。同时，父母要学会将注意力从孩子身上转移到自己身上，成为孩子的楷模，引领孩子走向正确的方向。

父母的责任是陪伴孩子度过黑暗时期，而不是简单地让他们走向光明。孩子需要时间来愈合，家长的调整是这个过程中至关重要的一部分。从偏差行为到成功人生，需要时间和家长的耐心等待和成长。这个过程是逐步进行的，不是一蹴而就的。让孩子按照自己的步调规划人生，给孩子创造一个良好的环境，让孩子能够顺利、明朗地前行。

父母的一举一动都在孩子的关注之下，孩子能够感知父母的状态。因此，父母是否真诚对待孩子，孩子心里都有数。装模作样是没有用的，逃避问题只会让问题变得更严重。父母必须通过学习提升自己的能量，保持情绪稳定，不要让孩子承担父母的情绪负担。父母应该努力成为孩子的榜样，让孩子自然地学习倾听、理解和共情。只有父母能够正确面对孩子的学业压力，孩子才会摆脱“学习至上”的困境，与他人和谐相处。

此外，父母可以考虑让孩子养一些小宠物，比如小猫、小狗、小鸟。父母可以尽量满足孩子的需求，这对孩子很有益。养宠物不仅有利于孩子的心理疗愈，还可以为他们提供新的环境体验。在互动的过程中，父母可以适当分担孩子的责任，这对孩子也有一定的疗愈作用。

父母与孩子进行有效沟通至关重要。孩子可能会充满各种情绪、想法和扭曲的思维，这些都需要与父母进行沟通。孩子可能会压抑情绪、抱有偏见，内心深处的想法也需要与父母分享。父母需要学会三个关键技能：倾听、理解和共情引导。通过有效倾听、理解和共情引导，父母可以与孩子进行有效沟通。在这个过程中，关键是父母要学会使用画“赋能表”。一旦父母采取正确的行动。孩子很快就会有所改善。当能够正确面对学习，思维不再扭曲，能够与同学、老师交流，愿意学习时，孩子就重新找到了自我。

将孩子从偏差行为带到卓越一生是需要父母花时间的，将一切有用的知识用起来，正所谓：纸上得来终觉浅，绝知此事要躬行。我相信父母历经千万次的练习之后，一定能明白爱的真相。

三、孩子焦虑情绪的前兆和有效预防

预防焦虑情绪比治疗更为关键，焦虑情绪常有一些前兆，如果出现了这些前兆就可能导致焦虑情绪的产生。根据经验总结，有 10 条标准。

青少年焦虑的前兆如下。

第一，孩子开始避免沟通，不与老师、同学和父母交流。

第二，孩子情绪压抑，可能表现为暴躁，甚至对父母使用暴力或恶言相向。

第三，孩子过度讨好，试图拯救父母或讨好父母。

第四，孩子的思维出现扭曲，对社会、人生、父母、未来婚姻以及生活产生不满。

第五，孩子明显表现出厌学情绪，不愿认真学习或完成作业。

第六，家庭中缺乏爱的流动，孩子在家中感受不到爱。

第七，孩子开始感到自卑、敏感，对很多事情失去兴趣。

第八，孩子沉迷于网络，生活作息不规律，黑白颠倒。

第九，孩子出现自我憎恨、自残以及歇斯底里的情绪。

第十，孩子长期不愿外出活动，缺乏运动，对事物持消极态度。

若孩子出现以上情况，父母应予以高度关注。下面将分享 14 条预防焦虑的有效方法。

第一，学会接纳自己，避免自我攻击。

第二，坚持定期运动。

第三，确保充分睡眠，并保持房间整洁，这有助于改善焦虑和抑郁情绪。

第四，不应压抑怒火，而应学习合理表达情绪，表达愤怒而非愤怒地表达。

第五，培养自我欣赏的能力。

第六，主动与父母沟通心中的感受。

第七，不因事小就忽略，也不因事小就轻易行之。

第八，可以适当地释放内心的情绪。

第九，调整内心的消极想法和观点。

第十，避免与他人进行比较。

第十一，学会发现周围的美好。

第十二，放下内心的负罪感。

第十三，不对自己施加压力或贴标签。

第十四，加强与父母的互动。

四、对偏差行为的孩子不能说的 16 句话

当孩子展现出偏差行为时，他们往往已经承受了很大的痛苦。然而，许多父母可能并不理解孩子的情绪，甚至对孩子持有错误的认识。这些孩子在表现出偏差行为时，本身就会感到痛苦、悲伤、情绪低落，急需父母的帮助和理解。

爱意味着深刻的理解和接纳，必须先理解后接纳。当一个表现出偏差行为的孩子得到周围所有人的理解和正确的看待时，这对孩子的恢复更为有利。就如父母在孩子生病时表现出的接纳和理解，然而当孩子表现出偏差行为后，许多父母不了解孩子为何如此，也不知道如何与孩子相处。在一无所知的情况下，父母会手足无措，更无法有效地帮助孩子。甚至还有很多父母会给孩子贴上“懒惰”“自私”“无病呻吟”“不求上进”等标签，用错误的思维对待孩子，这是非常令人心痛的。要想帮助孩子，首先需要有正确的认识。父母应该熟知那些不应对行为偏差的孩子说的 16 句话，以便更好地帮助他们。

第一句：我看你是不能吃苦，你就是矫情。

调整：孩子看到你这样我很难过，我很心疼你，爸爸妈妈做什么能够帮到你？

第二句：孩子，没有关系，一切都会好的。

调整：孩子，按你的节奏来，我们一直都在。

第三句：你要看开一些，生活本来就是起起伏伏。

调整：孩子，妈妈很心疼你，我们愿意帮你挺过去。

第四句：孩子要勇敢，也要面对。

调整：宝贝你不是一个人在战斗，一直都有爸爸妈妈在。

第五句：孩子不要担心，生活在继续，天塌不了。

调整：宝贝好的坏的都是风景，我会陪你重新探索这一切。

第六句：我很懂你，我也曾经痛苦过。

调整：我知道你一定很痛苦，我会尽最大的努力去理解和看见你的痛苦。

第七句：你这样太自私了。

调整：我知道你这样做是迫不得已，万般无奈。

第八句：孩子做点自己喜欢的事情，去旅游吧，一切都会过去的。

调整：宝贝我很喜欢和你待在一起，爸妈的怀抱就是你最温暖的港湾。

第九句：你这样很烦，影响别人心情。

调整：孩子你这么失落，我看到了，你愿意和妈妈说一说吗？

第十句：你有什么好难受的？

调整：妈妈没有意识到你那么痛苦，我一直在这儿陪你。

第十一句：你别无病呻吟了。

调整：亲爱的宝贝，我看出你很痛苦，你在挣扎，我可以为你做点什么呢？

第十二句：孩子，我听说运动可以治疗你的问题。

调整：妈妈愿意为你找一些方法来帮助你。

第十三句：你就是闲的，啥问题都没有。

调整：孩子，如果你想换一个环境，爸爸妈妈会带你去。如果你不想，妈妈就陪着你。

第十四句：你为什么那么脆弱？要坚强！

调整：我知道你累了，你好好休息一下吧。

第十五句：你很坚强你会没事的。

调整：宝贝妈妈会陪你一起熬过去的。

第十六句：你无论怎么样都行，我们对你没有要求。

调整：你按你的想法做就行了，我们都支持你。

五、从偏差行为到“重新起航”的五大标准

帮助孩子“重新起航”需要一定的前提条件。孩子出现偏差行为并非不可挽回之灾，而是表明孩子处于能量耗竭状态，需要适当调整。一旦状态恢复，孩子自然能够“重新起航”。因此，父母应系统地观察孩子的状态，根据多年的经验总结，判断孩子是否能“重新起航”有以下五个标准。

1. 孩子能否正确面对学习压力

许多行为偏差的孩子都是成绩优异者。在问题发生前，父母对孩子的学业有极高期待，以多种方式强迫孩子学习。孩子在压力下尝试取悦父母，迎合并满足他们的期望。孩子为了让父母满意，逼迫自己学习，这在早年可能带来成就感，但当问题浮现时，往往伴随着学习成绩下降的问题，孩子内心深信“学习至上”，但面对现实却感到无力，因此只能暂时放下，但内心从未接纳不完美的自我。即使身体恢复了，孩子的内心执念仍未曾改变，当他们重新学习时，依旧对自己要求甚高，终因压力过大而感到无力。

孩子的执念始终难以放下，这与父母的期待有关。在孩子出现问题前，父母充满期待，一旦问题出现，父母虽表面接纳，内心依旧存有希望。经过一段时间调整，孩子可能仍无法“重新起航”，父母也只能退而求其次——只要孩子学习即可，不论成绩好坏。父母以为这样可以让孩子放松，但实际上孩子无法做到，不是因为故意对抗，而是无法接受自己的平庸。当父母放下期待时，孩子却未能放下，因此孩子不会仅仅“混日子”。

在此情况下，许多父母会感到焦急，究竟应如何使孩子接纳自我？实际上，孩子接纳自己的前提是父母首先真正接纳孩子，而父母真正接纳孩子的前提是他们首先接纳自己。许多父母在理智层面意识到应放手，但难以做到。因为父母内心的创伤未得到疗愈，未疗愈的部分便会影响孩子。因此，父母需要进行

自我疗愈，真正地为自己赋能。一个内在贫乏的父母，无法接纳自己，更难以真正接纳孩子。

因为许多父母自我不接纳，这也是他们难以接纳孩子的原因。当父母能够真正自我接纳后，他们接纳孩子才显得有意义。当孩子感受到被接纳后，虽然外在压力消除，但内在压力依旧存在，这时，孩子往往仍不能接纳自己，因为孩子的内在力量尚不足。记住，父母的接纳并不意味着孩子就能自我接纳，这时孩子还需要更多力量才能真正接纳自己。因此，除了接纳孩子外，父母还需持续地为孩子赋能，当孩子内在力量足够时，他们才能真正接纳自己。当孩子能够接纳自己时，便能面对所有挑战。总结一句，就是：对孩子的真正接纳 = 父母自我接纳 + 对孩子接纳 + 给孩子赋能。

2. 孩子能否建立和谐的人际关系

当父母意见不统一，伴随着沟通冲突、相互指责、控制、焦虑时，孩子的反应可能有两种：一是对外攻击，如针对父母或同学；二是内向压抑，试图讨好他人。无论是向外攻击他人还是向内攻击自己，父母需采取以下四项措施来解决孩子的人际关系问题。

第一，首先处理孩子的情绪，待情绪稳定后再解决具体问题。

第二，增强孩子的自信心。

第三，提升孩子的安全感。当孩子的自我价值和安全感得到增强后，他们将具备面对正常人际交往的能力。

第四，恢复家庭成员之间的有效沟通。

实现以上四点，父母便可有效解决孩子的人际关系问题。孩子是否能够重建人际关系是一个关键环节，父母应给予足够的重视。

3. 孩子的负面思维是否转正

负面情绪常源于多种扭曲的思维模式。治疗负面情绪的关键在于转化这些负面思维。负面情绪具有反复性，可比作森林中的大火，即便大火被扑灭，余烬仍可能重新点燃火焰。因此，解决问题的根本在于彻底扑灭这些“火星”，即负面思维。如果孩子能彻底摆脱负面思维，便为建立和谐的人际关系奠定了坚实的基础。

4. 家校合作是否做好

家校合作的良好实施至关重要。若家校合作未能有效进行，孩子在面对学校的高要求和标准时可能会感到压力山大。因此，为孩子提供一定的空间，使其更好地适应学习状态是必要的。

5. 孩子能否遵循“螺旋式上升”的规律

孩子在好转后，能否在前两个月内平稳过渡非常关键。如果这两个月可以顺利度过，孩子的情况通常会较为稳定，不太可能出现严重问题。

在孩子“重新起航”之前，父母需认真考虑上述几个问题。如果这些问题未达到标准，孩子最终可能再次面临困境。孩子好转的条件不仅包括满足前述五点，还有一个至关重要的因素——父母的真正成长。若父母未能实现个人成长，即便满足了以上条件，孩子在“重新起航”后的道路仍可能是充满挑战的。

亲爱的父母们，成功并非像山上的蒲公英那般轻易可得，但请相信，世上总有美好值得我们全力以赴。

第五章　偏差行为走向卓越的心路历程

一、孩子出现心理问题的前兆

如果有一天你发现孩子突然表现出以下变化：对学习产生厌恶、早晨起床困难、频繁请假、情绪不稳、作息颠倒、手机依赖、对社会持有诸多不满、沉默寡言、不进行日常个人卫生如洗头、刷牙、洗澡、经常发呆等，这可能是一个警示，需要家长们高度重视。

我相信，面对这种情况，大多数父母却会感到震惊，他们可能会尝试一切方法，包括劝说、惩罚、寻求教师帮助，甚至请亲友帮忙劝导孩子。然而，即便是使用了各种方法，孩子的状况可能并无明显改善，问题甚至可能越发严重。

我们不禁要问，孩子到底怎么了？是在无病呻吟？还是真的自私、懒惰、矫情，故意找借口不愿意努力？现在，我可以告诉你，孩子可能是遇到了心理问题，这些都是心理问题的前兆。

孩子出现心理问题的前兆，从宏观角度可以分为三点。

第一点：孩子是否情绪不稳、经常发脾气、说话不耐烦、顶嘴、歇斯底里、破坏物品等。

第二点：孩子在人际关系中是否存在交流障碍，无论是与教师、同学、家人还是兄弟姐妹，都无法建立良好的人际关系。

第三点：孩子是否表现出偏差行为，如叛逆、厌学、手机依赖、撒谎、不知感恩、对抗等行为。

从微观层面看，可以分为以下五点。

第一点：孩子不擅长沟通，无论是与父母、亲戚、朋友还是老师、同学，都缺乏有效的沟通。这种状态可能导致孩子自我压抑、向内攻击，情绪压抑久了，一旦暴发将非常严重。

第二点：父母的教育方式可能简单粗暴或溺爱。父母的溺爱可能使孩子变得自大和任性；简单粗暴的教育方式则可能使孩子变得压抑、内向。

第三点：孩子存在许多负面思维，对老师、同学和社会普遍抱有不满，即便父母反复劝导，孩子也可能毫无反应，如同一个“愤青”般表达不满。

第四点：孩子可能已产生厌学情绪，如成绩下滑、不愿上学、频繁请假、拖延症、作业不按时完成、提及学习即感到烦躁、缺乏学习动力等。此外，还有手机依赖、迷恋小说、狂热追星、过度消费、过度打扮、动漫依赖等现象，这些都可能是孩子试图填补心灵空虚的表现。

第五点：如果孩子在家庭中感受不到爱，例如父亲缺位、母亲焦虑、夫妻关系不和，孩子可能会失控。父母的教育方式、缺乏有效沟通、家庭氛围冷漠、缺乏爱的表达和糟糕的亲子关系，都可能使孩子长期感受不到归属感和被爱，极易导致孩子出现心理问题。

二、孩子出现偏差行为之后，教师、亲戚朋友要来家里沟通怎么办

首先，父母需要关注孩子，当孩子出现偏差行为时，大多数情况下孩子都不愿见任何人，除非是孩子自己表达出这种意愿。父母应避免间接控制孩子，不应期望通过亲戚、朋友或教师的外界干预来激发孩子的内在动力。在这种时候，孩子的自我认同感通常较低，往往不愿意与熟悉的人见面，因为这意味着需要分享自己的内心想法，而常常伴随着劝说，这会让孩子感到痛苦。因此，父母必须关注孩子的真实内心需求，而不是按照自己的想法行事。

如果父母感到难以自持，应记住以真诚的方式表达自己的关心，与孩子坦诚交流一次即可。避免对孩子进行强迫，也不要喋喋不休。无论出于何种原因，如果教师需要来家中见孩子，父母首先应感谢教师的关心，同时必须先听取孩子的意见，再做出回应。如果孩子愿意见教师，可以安排会面；如果孩子表示抗拒，父母则应委婉地向教师说明情况。

关于亲戚朋友的来访同样适用此原则。许多父母可能认为让亲戚朋友来访是很正常的事，但实际上，如果没有考虑到孩子的感受，这样的行为可能带来风险。因此，父母确实需要在这方面行事谨慎。下面列举一例以作说明。

当孩子表现出偏差行为并在家休息时，一天妈妈的好友来访。聊到孩子，妈妈向朋友坦诚告知了孩子的状况。友人礼貌地来到孩子的房间，孩子当时正在玩电脑游戏。朋友尝试与孩子交谈，并不小心说了几句大道理，孩子虽礼貌回应，但内心不悦。妈妈的朋友离开后，孩子的情绪爆发，愤而砸坏电脑。妈妈对此感到震惊并难以理解，后来了解到朋友出于好意规劝了孩子几句，孩子因不满却不便当面发火，待朋友离开后才爆发。孩子将所有愤怒都发泄到妈妈身上，认为妈妈不尊重自己的想法，甚至怀疑是妈妈指使朋友讲那些话。

这类事件并不罕见，父母应警觉，即使是亲朋好友，也必须首先考虑孩子

的感受。虽然长辈都关心孩子，但绝不能让他们将焦虑或道理传递给孩子，否则孩子可能会因无法忍受而对长辈发火。长辈若想探望孩子，应确保带着积极的情绪来访，不干涉孩子的事务，这是基本的底线。

许多长辈会频繁联系父母询问孩子的情况，这同样令许多父母感到困扰。对待长辈，原则相同，要理解长辈的心情，然后安抚他们的情绪，诚实地告知他们孩子的实际情况，并分享自己的感受及后续计划，这样可以让长辈感到安心，并告知他们如何提供帮助。处理这些问题的关键不在于言辞技巧，而在于父母的稳定态度。父母越是态度稳定，长辈们也越能放心，只有父母表达得当，长辈们才会依从。

再举一例。亲爱的爸爸妈妈，你们可能已经知晓，你们的孩子目前展现了一些偏差行为。我理解这个消息可能会让你们感到难过，我最初也是这样的感受。经过一段时间的反思，我意识到这些问题部分源于我们的教育方式。目前，我们正在积极反思和成长，取得了一些不错的效果。随着我们的成长，我们开始看到更多的希望，孩子的状况也有了显著改善，目前一切都在我们的掌握之中。我知道你们非常希望提供帮助，对此我深表感谢。如果你们真心想帮忙，我有几点建议。

一是你们可以帮忙准备饭菜。

二是不要向孩子提出任何道理和建议。

三是保持积极乐观的情绪。

四是避免频繁询问孩子的近况。

五是不要提供关于如何教育孩子的建议。

六是不要干预我对孩子的教育方式。

亲爱的爸爸妈妈，如果你们能够遵守这些原则，我们将能更好地相处。如果做不到，我希望你们能先照顾好自己。感谢你们的理解和支持，我爱你们！

根据我的经验，只要以这种方式与长辈沟通，他们通常能够理解和支持。很多父母可能会选择隐藏实情，这只会让长辈更加担心。因为在他们眼中，您也永远是孩子，如果您不快乐，他们也不会感到快乐。此外，即使向长辈坦白，如果您自身没有改变和成长，还处于无力的状态，长辈仍然会担忧。

因此，让长辈不再担心的唯一方法是成为更好的自己。只有当父母拥有稳定的能量时，长辈们才能真正放心。

三、孩子出现偏差行为之后，学校教师通知活动该怎么和孩子说

当孩子因为偏差行为未能按时上学时，父母在收到学校活动的通知后往往感到左右为难，直接通知孩子，担心引起孩子的不悦，不通知，又担心孩子得知后生气。实际上，处理这类问题的关键在于父母的态度和状态。

如果父母已经通过学习达到了一定的觉悟，能够理解并接纳孩子当前的心理状态，他们便知道孩子目前可能不愿意面对学校的事务，并非不想参与，而是缺乏情绪和精力去应对。而另一类父母，仍然抱有一些固执想法，可能会试图通过“诱惑”或“强迫”的方式促使孩子参与学校活动。对于第一种类型的父母，解决问题相对容易；对于第二种类型的父母，则建议他们先放下对外界期望的心态，专注于自我成长。

当父母准备好后，解决问题的方法也很简单。在接到教师的通知后，首先应感谢教师的付出，然后不急于回复，先接收并思考这一信息。因为最终还需要考虑孩子的感受，以免造成伤害。

父母在收到通知后，应评估这一信息可能对孩子的影响。如果认为直接告知孩子会引起其反感甚至伤害，那么可以适当地为孩子“挡一挡”。同时，应与教师保持诚挚的沟通，以获得其理解和支持。

对于那些可以让孩子知道的信息，父母应真诚地告诉孩子，并清晰表达自己的态度，以免孩子误以为父母和教师联手对他进行施压。

例如，当学校教师通知下个月将举行期中考试，并询问是否让孩子参加时，父母可以采取以下方式进行沟通。

父母：“孩子，今天学校通知了下个月的期中考试，老师想知道你是否打算参加。我已经知道了这个消息，无论你的决定如何，我都会接纳和理解。你考虑清楚后告诉我，这样我可以及时回复老师。”

这是一个简单的通知方式。父母在接受教育之后，不应因为担心过度而避免必要的沟通，正常表达是必需的。沟通中最重要的是要保持适当的态度和语气。信息传达后，要确保孩子已经明白，然后就不需要再多次提及。孩子通常会有自己的考虑，除非亲子关系极为紧张，否则通常会给出回应。如果孩子没有立即回答，可能是还在考虑中，父母应耐心等待，观察孩子最终的选择。有些孩子可能决定参加但不愿意事先告诉父母，而有些孩子可能选择不参加且不想回应。

父母的任务是传达信息，剩下的就是观察孩子的反应。保持好奇心，待到最后自然会有明确的结果。如果父母控制不住自己的情绪，过多地唠叨或说教，往往只会适得其反。

四、孩子出现偏差行为之后，该如何向亲戚朋友说

当孩子出现偏差行为后，许多父母面临如何向亲戚朋友说明的困扰，常因各种原因难以坦诚相告。父母担心伤害孩子的自尊，同时也担心自己的面子，不希望让亲戚担忧。这个问题需要从多个角度考虑，不能简单地给出答案。

第一，应考虑孩子的意见。如果孩子同意将他的情况告诉他人，可以直接说明。如果孩子不同意，那么应尊重孩子的决定。

第二，即使孩子同意，也需评估这一信息对亲戚朋友的影响。例如，如果祖父母知道后频繁打电话询问，可能会导致孩子和监护人的情绪失控，最好暂时不要透露，等到可以妥善处理这些情况时再说。

第三，父母自身是否有能力和勇气公开孩子的真实状况也是一个重要因素。根据经验，多数父母最初缺乏这种勇气。如果暂时做不到，可以等待时机。在必要时，如果实在难以避免，也可以选择说一些善意的谎言。随着时间的推移，一些父母随着自己的成长，逐渐不再害怕他人的看法，而选择顺其自然。

综上所述，是否公开孩子的状况需要父母根据自家的具体情况综合考虑。有时，父母可能会怀疑，自己如果一直不敢向他人透露，是否意味着没有真正接纳孩子？其实，这样的疑问本身就反映了父母内心的状态。

更为重要的是，父母能否接纳自己比能否接纳孩子更为关键。一切外在的态度都是内在状态的反映。如果父母能自我接纳，那么对外在的接纳就不再是问题。所有的不接纳都源于内在的不足。因此，个人成长应向内求，否则就可能会在这一问题上遇到阻碍，甚至遭受极大的痛苦。

五、孩子出现偏差行为之后，该用什么心态面对家庭中的其他孩子

在多子女家庭中，当一个孩子展现出偏差行为时，父母需要调整教育方法，不能再依赖过往的方法。对于出现偏差行为的孩子，父母常感到不知如何是好，犹豫是否继续使用传统的教育方法或采用新的方式。

由于父母对有偏差行为的孩子可能会采用较少管控和说教的方式，可能会不经意间给予这个孩子更多特权或偏爱。而这种差异对于其他孩子是明显的，他们可能也期望得到相同的待遇。这使得父母陷入两难境地，如果对家里所有孩子都采用宽容的教育方式，可能会溺爱孩子；若不给予相同的待遇，则未出现问题的孩子可能会感到不公平。

这种情况在家庭中非常常见。父母其实无须过度纠结，因为有效的教育方式应该是大致相似的。孩子出现偏差行为通常是教育方法存在问题的一个信号。不同的孩子对同一教育问题的反应也会不同，有的孩子可能较早展现出问题，而有的则可能较晚。因此，第一个表现出问题的孩子可能是最早揭示出家庭教育问题的“指示灯”。如果父母不及时调整方法，其他孩子也可能最终表现出相似的行为。

因此，当任何一个孩子出现问题时，都应视为对父母教育方式的一种警示。父母应及时进行调整，并对其他孩子的教育方法也做相应的改变。在大的方向上，父母应该对每个孩子持平等态度。在具体执行时，与未出问题的孩子进行开放和友好的沟通是关键，争取他们的理解和支持。

父母应“抓大放小”，尽可能保持公平与公正，避免引起家庭内部不必要的情绪冲突。同时，也应避免对有偏差行为的孩子过度关注，以免忽视了其他孩子。保持正常的生活节奏，如平常上下班和家庭生活。不必刻意隐藏任何情况，向其他孩子坦承现状并获得他们的支持是至关重要的，在这一过程中，倾听他

们的意见和建议，妥善处理每个人的情绪是必需的。在日常生活中，给予每个孩子适当的个别关注，公平地分配父母的爱，只有这样才能更好地满足每个孩子的需要。

六、孩子从偏差行为到改变的心路历程

1. 惊讶、好奇、怀疑

尽管很多父母在面对有偏差行为的孩子时，都会尝试各种方法，但都无济于事。因此，他们决定开始自我成长。当父母真心开始成长时，他们的态度会显得谦卑和真诚。这种变化，孩子往往能第一时间察觉。当孩子感知到父母的改变时，他们通常会感到惊讶、好奇这究竟是怎么回事，是否父母“吃错了药”，接着他们会怀疑这是否只是父母的一种新策略，或是真正的改变。

2. 观望

在好奇和怀疑之后，有的孩子会感到一丝快乐，有的可能会感动。但这些情绪并不足以让孩子迅速地信任父母或作出改变。因此，孩子们通常会选择继续观察父母的行为。

3. 测试、挑衅、补偿心理、情绪报复

在观望阶段，孩子们可能会测试父母，例如做一些父母禁止的事情或故意挑衅父母，这主要是为了验证父母是否真的发生了改变。有的孩子可能会尝试之前一直想做但被父母反对的事情，这是出于想要补偿内心缺失的心理。在这个过程中，孩子可能会无所顾忌地做出让父母难以接受的事情，这会使父母感到难过甚至心灰意冷。如果我们不能承受孩子这一波的测试，之前所有的努力都将白费。因此，唯一的出路是学会接纳，如果连这些压力都无法承受，那么在面对未来更大的挑战时，父母将更加难以应对。

4. 早期调整：作息颠倒、疯狂娱乐

许多孩子在这个阶段会选择白天睡觉，晚上玩手机或进行其他喜欢的活动。询问这些孩子为何选择白天睡觉、晚上玩耍时，他们常回答说：白天睡觉晚上玩感觉更好。因此，父母应接纳孩子的这种状态。对孩子而言，熬夜也是一种情感疗愈的方式。在这个时期，孩子们更关注自己的情绪而非身体健康。

在这一阶段，孩子可能会表现出不规律的作息习惯，如不按时用餐、不洗澡、不刷牙、不更换衣物、不处理垃圾，甚至不洗脸、不洗头、不洗脚等。作为父母，我们的原则是“非求不应”，即除非孩子主动寻求帮助，否则保持沉默。即使孩子的房间变得凌乱、发霉，这也是孩子自己要管理的问题。我们应避免以爱为名控制孩子。如果确实需要表达关心，可以简单地说：“孩子，我看你最近似乎饮食不规律，这让妈妈很担心。如果你有想吃的东西，妈妈可以帮你准备好，放在你的房间里，你饿了就自己加热。或者，我可以给你一些钱，你想吃什么就自己去买。”在孩子同意的情况下，我们可以和孩子达成一致。如果达成一致后孩子仍不按约定行动，那就让孩子自己处理后果。

有位妈妈咨询我，孩子在家待久了，生活似乎比之前更无规律。之前还会做做菜、弹弹琴、逛逛超市，现在只是玩游戏，作息颠倒，不愿出门。我该如何干预，或者有什么办法可以积极引导他呢？

我告诉这位妈妈，孩子以前可能一直处于高度紧张的状态，积累了很多负面情绪。目前孩子的行为是他在进行自我调节，父母需要全面接纳这一点，这是孩子在释放和清理情绪，为自己创造空间，这些空间是自主性、价值感、自由、生命力、自信和自我控制力的重要基础。这是一段自我修复和疗愈的过程，尽管看起来不太规律，但这正是孩子返回到一种类似婴儿期的自然状态。作为父母，我们需要做的是提供基本的照顾和安心的陪伴，让孩子有空间进行自我成长。

在这个阶段，孩子可能会变得非常敏感，他们可能不愿与熟悉的人交流，担心别人无法理解自己，害怕被人轻视或伤害。然而，孩子可能会在网络上找到一个能够交流的朋友。通常，这位网络朋友的情况与孩子的经历相似。许多

父母得知此事后可能会感到担忧，甚至尝试阻止这种联系，但这通常是无效的，因为那个朋友可能是唯一能够理解孩子的人。因此，我不建议父母试图阻止这种友谊，因为这位朋友可能是孩子当前唯一可以倾诉的对象，与人沟通对孩子的疗愈过程也是非常有益的。

那么这个阶段孩子到底需要什么帮助呢？我问过很多孩子，有个孩子的回答就很能说明问题。

“父母应该专注于自己的事务，避免整日传递负能量。例如，我妈妈有时候的表情和态度，让人觉得她好像被人欠了几百万一样，这让我感到非常烦躁。有时候，看到她的表情就像世界末日即将到来。实际上，如果我妈妈能够保持积极的心态，没有那么多负能量，我们其实是能够进行正常沟通的。此外，我也希望父母不要总是盯着我，应该找些自己的事情去做。他们完全可以享受一下二人世界，我不会介意的，这样每个人都可以有更好的个人空间和心情。”

在这个阶段，孩子不需要父母的过度关注，父母应当专注于完成日常必需的家务，如洗衣服、做饭，以及适度关心孩子。如果孩子愿意交流，可以直接沟通；如果不愿意，可以选择留下字条。父母不必放弃工作来陪伴孩子，也不需要总是在孩子身边。父母可以邀请孩子参加家庭活动，如果孩子不感兴趣，父母应该接受他们的决定。父母最好能过好自己的生活，保持正常的工作、社交和运动习惯。如果父母不断干预孩子的生活，可能会加剧孩子的问题。

很多时候，父母可以接受孩子的生活调整，但仍然存在一种担忧，即担心这样的作息会损害孩子的身体健康。因此，父母希望孩子能有充足的睡眠和规律的生活节奏。然而，在这个时候，父母不应过分追求形式，不必坚持认为早睡早起就是健康的生活方式。只要孩子能根据自己的节奏安排作息，保持足够的睡眠总量，这也是可以接受的，父母不需要过于关注作息的具体顺序。

5. 感动并感谢

当孩子持续感受到父母的变化后，他们的内心会产生深刻的感触。孩子会逐渐相信父母确实发生了变化，回顾自己过去的行为，可能会觉得自己之前的做法有些过分，因此产生想要报答父母的想法。于是，在父母对他们好的时候，孩子可能会流泪、说一些温暖的话或做一些温暖的举动，这是孩子开始自我觉醒的时刻。

6. 中期调整：无聊、发呆、迷茫、无助和孤独

在成长的过程中，孩子内心可能会感到无聊，对未来感到困惑。有时，他们可能会独自发呆，这通常是他们感到孤独的时刻。这个阶段往往是父母最为焦虑的时期，因为孩子的表现可能不尽如人意。许多父母会担心孩子的状态，这是可以理解的。然而，此时父母应当接纳孩子的状态，实行“非求不应”的原则。

父母应坚持自我，成为孩子的榜样。在孩子状态不佳时，家长很容易情绪失控；而当孩子开始好转时，家长可能会产生功利心。因此，管理好自己的情绪是非常重要的。有的父母表示虽然理解这些道理，但实际操作时却感到困难，这通常是因为自己的问题尚未解决。对于当前情况，一个简单的方法是看看父母哪位情绪更稳定，让情绪更稳定的一方更多地与孩子相处。基本原则是：谁痛苦，谁改变；谁稳定，谁付出。

7. 大量表达负面情绪，频繁抱怨以及行为的退行

当孩子由狂躁平静下来，从外在回归内在之时，他们进入了情绪释放的阶段。这一时期内，孩子需要宣泄内心积压的情绪，释放后，他们的能量得以恢复，行为也会相应改善。释放情绪的方式包括向父母倾诉，表达大量的负面思维，甚至表现出退行的行为。经历这一过程后，孩子会感受到父母的安全感增强，与父母的关系也得以改善，进而希望与父母建立更紧密的联系。在这一过程中，有的孩子可能会反复讲述过去的故事，父母需要做的是倾听并持续支持。此外，孩子可能会抱怨父母，甚至指责父母对自己造成伤害，此时父母应表现出共情、接纳，并给予真诚的道歉。如果孩子展现出大量负面思维，父母不应试图纠正，而应继续表达共情，允许孩子自行作出决定。记住，情绪的处理优先于事情的处理，只有当孩子的情绪得到改善，他们才能培养出积极的思维。

切忌强行纠正孩子的思维，这不仅无效，还可能加剧孩子的愤怒和不信任，进而损害亲子关系。

◎ 案例 1

分享一下我们学员群里的对话。

学员 A：昨晚，我的孩子因为学习低效而哭泣，感到极其沮丧。她回忆起过去在数学问题上只需老师稍作提示就能理解的情况，而现在即便重复多次同类型的题目，依旧感觉无法掌握。她表达了既想玩耍也想学习的矛盾情绪，感觉自己既玩得不尽兴也学得不入心，担心与同学的差距越拉越大。我建议她暂时放下学习，接纳自己的现状，但她表示自己感觉越来越落后，有强烈的愿望要超越别人。对此，我表示理解，并分享了自己也有类似的感受。她之后没多说什么，只是哭得更大声，我抱着她安慰说可以接纳现在的自己，一点一点积累力量。

我觉得我们的关系已经很好，但孩子仍然提不起精神，她真的很努力，但感到很难做到位。我曾建议停掉她的补习班，但她坚决反对，上课时也无法完成任务，非常矛盾。她想玩耍时控制不住自己，玩多了又会自责，这让我们都很难受。

学员 B：告诉孩子这很正常，不必自责。

学员 A：我接纳她的一切，但有时还是忍不住想帮她，比如控制她玩手机的时间。有时她能接受，有时却想要多玩，我自己也感到非常矛盾。我多次告诉她要接纳现在的自己，但她却说我在说废话。

学员 B：少说话，多做事，别控制孩子。

学员 A：嗯嗯，她自己想控制自己，却又办不到。

学员 C：在负面情绪中寻找正面动机去肯定她。

学员 A：您说得有道理，这点我做得还不够。

学员 D：从你和孩子对话中，我感觉到你认为孩子不优秀。因为你说“谁让别人那么优秀呢”？

学员 A：孩子自己纠结矛盾。

学员 B：虚荣心、攀比心、自私心、自卑心、自责心、掩饰心、恐惧心、控制心、妒忌心、讨好心、争斗心、儿童心。

学员 D：我们可以问问自己，是否让孩子感受到了我们作为父母的纠结与矛盾？我们是否放下了对他们的期望？

学员 A：您说得没错，我们确实感到纠结，我也没放下对孩子的期望，现在仍感到迷茫，不知道该从哪里进行改变。

学员 B：改变自己，提高自己的承受能力。

学员 A：目前我自己比较稳定，我对孩子的一切都波澜不惊。

学员 B：做到了“心口一致”吗？

学员 A：没有。

学员 D：我的想法是，只要孩子遵纪守法、不伤害自己或他人，就让他们自行决定一切。父母不干涉、不打扰、不刻意关心，在孩子需要帮助时尽力支持他们。当孩子情绪需要发泄时，要顺应他们的想法倾听，相信孩子和信任的力量。相信孩子，相信自己，一切都会越来越好，一定要放下对孩子的控制、焦虑和功利心。

学员 A：我不让孩子上补习班，但她坚持要上，就让她去吧。然而教师布置了作业，孩子想完成却又做不到，她非常纠结。坦白说，我真想停掉。

学员 B：尊重孩子。

学员 A：一味地听孩子的，对我来说也是压力。

学员 B：你的控制心出来了，孩子学习是孩子自己的事，你放手。

学员 A：是的，表面是为她好，其实是我自己的想法。

学员 B：少关注孩子。

学员 A：所以随她吧，她矛盾纠结都让她自己去拿捏，目前不打扰她我基本做到了。

学员 B：是的，让孩子自己承受。

学员 D：我最近开始做自己想做的事，去锻炼身体。结果孩子笑着对我说：“我很高兴，为你感到开心，觉得你成长了。”但她心里也不平衡，说我不再带她一起玩了。她还对我说，觉得我在外人面前对她非常客气和尊重，显得有些不真实。我回答："我在家里也尊重你呀，因为你值得尊重。"孩子听完没再吭声。

学员 E：学到了。我家孩子也是自己要求上培优课，但作业却完全不写，有时候我也觉得心烦。我知道这是功利心在作祟需要时刻修炼自己，管好自己的事，让孩子自己处理自己的事。

学员 F：我家孩子的情况也差不多。每当看不到成绩和效果时就烦躁，这时我们先让她说、哭，把她伤心的原因讲出来，再列举她每一点点的进步和正面价值。一般情况下，孩子会问："那我该怎么办呢？"我说："尽量扬长避短，把优势科目多提几分也可以补上，与自己比。"昨晚，我家孩子就说很神奇，每当她沮丧时，就发现考试能力有所提升，又重新获得了动力和希望。

学员 A：我当时也许没有想到，这样的确可以正面肯定，提升能量。

学员 F：孩子不容易，我们家长更要能接住，并做孩子的心理治疗师。

学员 G：上周六吃晚饭时，孩子突然向我哭诉，说他付出了很多，却收获很少。辛苦打游戏挣来的几个排位号，一个就能卖几千块钱，可听了妈妈的话就没再理会了。他还主动剪断了和心爱女孩之间的"风筝线"，不再联系她……我当时没有对他讲道理，而是静静地听他倾诉，并尽我所能让他多发泄情绪。孩子讲完后，我说："我感受到了你的痛苦和难过，但你的数学成绩在直线上升。付出越多，痛苦越多。你和那个女孩仍是好朋友，而你正在集中精力提升自己的能量，你是一个有责任心的男孩！"我一边轻轻拍他的背，一边用纸巾帮他擦眼泪和鼻涕，鼓励他痛快地哭出来。倾诉之后，孩子看上去轻松了许多。

后来我在做其他事情时，他跑过来对我说："妈妈，付出越多，痛苦越多，这句话是我告诉你的。"我回应："哦，原来这不是我的人生经验总结，是你告诉我的啊！我都忘了！"如果在过去，我没学习这些方法时，可能会说："一个男孩子只会哭，还早恋……"一番指责和数落，但现在我不会再这样处理了。

学员 H：我家孩子在游戏和学习方面也很痛苦纠结，我只能相信他能自己管理好。我接纳孩子，让他自己处理问题，现在孩子正在自我调整和修正。我也听微课，画"赋能表"，相信自己进步了，孩子也会进步。

学员 I：我记得前段时间听樊登讲过一本书，应该是《自控力》。意思是当人遇到非常大的压力时，就会出现记忆力下降或失忆的情况。在之前，孩子非常努力，自己给自己加了很多课，但出乎意料的是，突然之间会做的数学题都不会了。当时我还指责她，唠叨她，这和你刚刚描述的情况很相似。现在想想，这应该就是压力过大造成的，解决的方式就是让孩子有掌控力，能够充分选择。所以在放手的同时，也要多给孩子一些自我掌控的机会。

学员 J：情绪低落时，考试总分可能会下滑 30 到 50 分。心情好时，即使不会的选择题也能猜对。其实，这可能是思维陷入了陷阱，一紧张就脑袋一片空白、短路。

我：无论孩子怎么抱怨，我们都应该倾听、理解、共情、看到正面价值，进行正面催眠。然后止语，不做任何引导、不讲道理、不干涉。除非孩子请教你，否则不要给出自己的方案。无论孩子的情绪多么复杂，负面思维多么严重，只要这样做，孩子就会越来越好。本质上还是在修炼自我止语的能力，觉察并控制欲望，放下功利的贪念。

◎ 案例 2

学员 A：今天孩子告诉我，她的同学朴实无华，老师们亲切友好，毫无架子。听到这些，我突然感到十分感动，甚至有些想哭。这种哭泣，可能是一种久违的释放。孩子改变了，我和孩子的世界也随之改变了。孩子意识到了自己以前的行为不当，其实是因为内心未能接纳同学们的不同。孩子意识到，同学们各有优缺点，现在，她决心珍惜当前学校的同学和老师。

我：孩子有偏差行为，大多数都是因为人际关系处理不当造成的。要么在人际关系里压抑，要么在人际关系里攻击别人。能够改变这种思维，孩子就成长了，这个环节很关键。

学员 A：孩子需要得到父母的接纳和欣赏，我逐渐学会了接纳她，并总是给予正面的反馈，她由最初的抗拒变为愿意与我交流。现在，老师也开始欣赏她，在课堂上她的数学思路非常清晰。老师让她向同学们解释一下，这让她意识到自己并非一无是处，而是有值得被人看见的地方。她说同学们都很专注地听她讲解，下课后还来向她请教，她感到自己帮助了他人，非常开心。

学员 B：价值感提升了。

学员 A：是的，她的心里老师是权威，老师认同她是最大的肯定，是最直接的价值感提升。今天回来数学压轴题自己在努力做，估计怕明天老师提问，这也许就是正向激励的动力吧。

学员 B：这就是良性循环，孩子很棒！

学员 C：孩子由于最近几天患有鼻炎，一直在使用中药包。昨晚睡觉时，不知何因，感到眼睛有异物感并非常不适，她便责怪我，认为是我在给她药包时导致异物进入眼中。她随即将药包扔掉，并不停地抱怨。我没有回应，只是默默陪她前往医院急诊。今天早上，她向我道歉了。我想知道，她责怪我时，我选择沉默，这样做是不是也算是承接住了她的情绪？

学员 D：孩子眼中有异物时感到非常难受，她会感到挫败。虽然知道问题是自己引起的，但在情绪低落时，孩子会出于自我保护，本能地将原因归咎于母亲。这确实非常考验我们的耐心和理解力。事实上，孩子冷静后会明白是非，今天早上，她已经向我道歉。

学员 E：最近我深刻体会到，作为父母，我们需要学会放手，不应过度担忧。我们应当成为成长型的父母，一旦我们自身成熟稳定，孩子自然就会感到安全。不要害怕孩子经历挫折，应当给予他们试错的机会。不存在所谓的负面事件或负面情绪，所有的情绪都应由孩子自己经历。只要父母能够接纳和包容，所谓的负面事件和情绪就能转化为正能量。

8. 环境转移法

在孩子情绪宣泄期，如果父母短时间内难以改变孩子的心情，且家庭环境也无法迅速调整，可以考虑为孩子更换一个环境，这就是环境转移法。

如果父母中有一方性情较为暴躁，改变环境是一个可行的解决方案。我接触过一位学员，其丈夫脾气极为暴躁，常对孩子施暴，导致孩子长期处于负面情绪中，情况始终未见改善。最终，母亲带着孩子搬离，通过自身努力，与孩子单独建立了和谐的亲子关系，孩子的情绪很快得到了好转。

此外，有些孩子在亲戚家生活表现也很好。例如，一位母亲在学习后改善了与孩子的关系，并将孩子送至表哥家居住。由于孩子和表哥共享打游戏的兴趣，孩子在表哥的影响下很快调整了自己的状态，过上了有规律的生活，几个月后情绪显著改善。

还有孩子希望独自居住的情况。我们了解到一位母亲的孩子在表现出一些偏差行为后，主动要求独立居住。起初，母亲非常担心孩子的安全，但经过协商，孩子选择在家附近的酒店居住，并定期咨询心理教师。结果孩子的状态也很快得到了改善。改变环境并确保这一环境对孩子有益，通常会产生良好的效果。因此，在孩子的"情绪宣泄期"，考虑更换环境是一个可行的选择，许多孩子通过这种方式表现得越来越好。

孩子在"情绪宣泄期"可能会出现退行行为，即表现出不符合其年龄的行为，主要目的是更好地释放情绪和增加安全感。这种行为是对父母进步的认可，是一个积极的信号。根据经验，当孩子退行时，如果父母能抓住机会，可以与孩子建立更深层的联系，以便更好地理解孩子内心的痛苦，从而达到疗愈的效果。因此，在这个时候，父母应该接纳孩子，并满足其需要，将过去未能给予的爱和关怀重新给予，用爱来滋养孩子。不必担心溺爱孩子，也不应给孩子贴上标签。

9. 自醒

当孩子修复到一定阶段后，孩子会开始为未来做打算，并设法找到帮助自己的方法。主要有以下两种情况。

一是不打算继续学习的孩子。这些孩子将寻找其他方式来证明自己的价值。只要孩子能找到适合自己的方式，那就是最佳的选择。每个人都应发挥自己的天赋，找到有意义的事情去做，以实现自己的价值。在这个阶段，我们作为父母的角色是支持孩子。

二是打算继续学习的孩子，这里有两个阶段。其一，积极调整阶段。这个阶段的孩子会开始调整自己的作息时间，过上有规律的生活。有些孩子开始接受父母的建议去做运动，有些则愿意外出旅游、参加聚会或各种活动、走出家门，有的则投身于自己的爱好。我们可以感受到孩子已经开始变化，他们走出家门，心情更佳，状态更好。其二，准备学习阶段。孩子开始整理书籍和学习资料，准备开始新的学习旅程。有的孩子选择自学，有的则去图书馆，有的通过自己喜欢的方式适应学习环境，有的甚至要求父母提供更优质的学习资源。在这个阶段，父母可以感受到孩子正在努力调整自己。还有的孩子开始喊出口号，但尚未实际行动。无论孩子处于何种状态，作为父母的我们不应急躁，更不能随意施加压力，而应当持续提供欣赏和鼓励，避免对孩子有过高的期望。

◎ 案例

学员 A：孩子表示 9 月开学愿意去学校学习，但要求换一所新学校，因为他以前的同学现在已经上初三了，如果遇到他们，他会感到尴尬。我觉得孩子这样说的背后原因，实际上是人际交往的问题。他目前在沟通方面还存在较大困难，到了学校，教师和同学们不可能像家人那样对他包容。接下来应如何引导孩子呢？

学员 B：我认为应持续维护良好的亲子关系。尊重孩子的意愿，相信孩子。

学员 C：孩子准备调整自己重新开始学习了，但内心仍然感到不安，他在试图自我调整。

我：对于这种情况，作为父母的我们应该保持镇定。我们可以询问孩子是否需要帮助，如果孩子需要，我们应与孩子一起探讨解决方法；如果孩子不需要，我们则应静心等待，给予孩子时间和空间自我调整。

10. 积攒能量，坚持赋能

在孩子自我调整阶段，不应抱有过高的期望，这是因为仅是调整的初期阶段，孩子的表现可能时好时坏，也许只是口头上说说而不会实际采取行动。因此，父母不应强迫孩子，而应保持沉默，做好自己的事情，持续对孩子发出爱的信息，不断给予孩子正能量。

要用爱托举孩子，孩子自然就会开始付诸实际行动。

◎ 案例

学员 A：我的孩子已经有近半年每天玩手机十几个小时了。他表示想参加

中考，但迄今为止没有采取任何实际行动。目前孩子的情绪相对稳定，周末也愿意外出活动，有时晚上还会陪我们散步或打乒乓球。关于体育中考，他说打算直接参加，并表示想进入一所普通高中，也制订了学习计划，但因为难以割舍手机游戏，因此计划始终无法执行。明天他还要参加一场人际口语对话，我不确定他是否会去。我打算和孩子进行一次对话，这样做可以吗？应该怎么开启这个话题呢？

学员 B：选择相信孩子，做好自己。

（第二天）

学员 A：孩子今天走进学校参加语文、英语的口语人机对话考查了。

学员 B：能让孩子有勇气走进学校参加口语对话，你做得太好了，你是怎么做到的？

学员 A：我一直担心他不会去，孩子内心实际上很矛盾，在车上他一直玩手机，并表示了两次不想去。他父亲催促了他几次，我则提醒他父亲不要再说了，只是提醒孩子 4 点前要到校。最后，在 3 点 50 分，孩子终于放下了手机，自行前往学校。

学员 B：孩子内心充满矛盾，既想去又害怕去，他通过玩游戏来缓解内心的冲突。父母只是提醒了孩子进校的时间，接受了孩子的行为，没有催促或施加压力，让孩子自己作出决定。

学员 A：根据之前的经验，这段时间我们没有主动去找孩子，除非孩子自己来找我们，以便让他自己消化这些情绪。最近这两天，我们在 11 点提醒孩子睡觉时，他能立刻放下手机去睡，说明他心里还是有数的。我认为在处理好关系后，我们还是应该适当推动孩子一下。今天他说不想去，如果我让他自己决定，他可能又不会去。因此，我告诉他，这是中考成绩的一部分，必须参加，就当是走个过程，这部分很容易，基本上可以当作是送分题。

学员 C：有的时候需要推一下。

学员 B：你没用命令，而是站在他的角度替他考虑，用示弱的方式对他表达了参加的重要性，还帮他消除了内心的恐惧，让他感受到了你对他的爱。

学员 A：确实，主要问题在于我们之间的关系和沟通方式。我们之前总是过于控制，后来虽然放手，但又有些担心孩子。现在孩子的情绪已经稳定了很多，我们也在学习和寻找平衡的过程中逐渐找到了方法。

学员 D：我想起一件事，我的儿子因为体育考试，每天都会自觉地锻炼。上星期六，考试结束后，他说总算可以不用锻炼了。我本想说“锻炼不应该停止”之类的话，但马上意识到这样不妥，便没有说出口。过了一天，我思考之后对他说：“锻炼的事你自己决定吧。我听说高三的教师提到，跑 1 公里可以额外加一分，看来锻炼确实有益。”后来，虽然儿子锻炼的强度并不是很大，但他开始了自觉的锻炼。作为父母，我们确实需要放手并信任他们。

11. 朝正规化改变，父母应放下期待，给予孩子特权

在孩子重新开始学习之后，父母不应期望他们能够迅速适应环境，也不应对孩子抱有过高的期望。父母能做的，是完全接纳他们，只要孩子持续努力，那就足够了。如果涉及学校的制度，父母应该回顾之前讨论的建立家校合作的重要性。关于上学的各种问题——包括作业、作息、考试、排名及制度等——都应根据孩子的实际情况进行适当调整。应该先保证学习的持续性，再追求学习的质量，以避免最终的努力白费。

◎ 案例

学员 A：与大家分享一些孩子好转之后的挑战。孩子在上学期期末考试中，通过自己的努力，从原班级的倒数第二名提升到倒数第十一名，这一进步极大地提升了他的自信。我们本以为孩子会在寒假期间专心学习，但他却整个假期都在画画，连假期作业都未完成。这让我们开始焦虑，虽然我们没有明说，但对孩子有许多不满。开学后，孩子没有能力集中注意力，月考也未能参加。孩子爸爸还提醒我要让孩子加强数学和物理的练习，这反而使孩子更加焦虑，甚至影响了他去学校的动力，频繁请假。我们意识到问题的严重性后，开始放下对孩子的期待和要求，努力改善亲子关系。每天由父母接送孩子上学，晚上孩子爸爸陪孩子跑步，并进行冥想活动。我们还与班主任保持联系，了解孩子在学校的情况并进行心理疏导。这些措施使孩子的情绪有了明显好转，现在能正

常上学了。这半年的经验告诉我们，孩子的状态波动主要是由于父母的高期望所引起的焦虑，如果我们不能放下这些期望并持续支持孩子，孩子就无法回到正轨。孩子开始努力，仅是漫长旅程的起点，我们作为父母，必须保持良好的心态，放下期待，并持续学习和修炼，这样孩子才有可能真正重生。

我们曾误以为孩子只是过于疲倦，休息一年就能恢复正常，应该像对待正常孩子那样设定要求和学习目标。然而实际情况并非如此，孩子的问题是多年错误教养的结果，不可能在一年内彻底解决。恢复的时间可能需要三年、五年，甚至十年，这取决于父母的态度。

感谢大家的支持，分享这个案例是为了避免大家重蹈我们的覆辙，现在我们不得不重新开始。

学员 B：由于孩子内心的伤害很深，多年的积累逐渐形成了冰封的层层障碍，存在许多潜在的问题，我们看不见摸不着，只能一点一滴地渗透，这需要一个长期的过程，我们确实需要做好这样的心理准备。

学员 A：是的，我们遇到了一个非常好的班主任，家教联合效果更好。

12. 螺旋式上升，反复坚持赋能

孩子的成长过程往往是跳跃式的，有时候他们可能在某一阶段会停滞很长时间。也有些孩子可能在一天之内就能体验到整个过程的起伏，这些现象都属于正常的范畴。我们应始终以温和而坚定的态度面对，因为无论是成人还是孩子，改变总是遵循一个原则：虽然过程中会有进步和退步，但只要整体呈螺旋式上升，就是在积极地成长。

◎ 案例

学员 A：作为父母，我们以为孩子开始学习了，就低估了情绪对孩子的影响，错误地认为一旦孩子状况好转，就应与其他正常孩子无异。由此，我们再次犯错，孩子也因此受到影响。

学员 B：我家也是这样，时不时会出现问题。昨天，我差点又开始训导了。

学员 A：这个学期孩子遇到了较大的问题，有几天都没有去学校。尽管孩

子每晚都告诉我们第二天早上叫她起床，但她早上却不肯起床。

学员 B：这不是一朝一夕可以解决的问题，需要“螺旋式上升”。

学员 A：是的，我们应当降低期望，接纳孩子。否则，孩子可能会再次出现问题，这实际上是我们作为父母的问题，我们需要不断地学习和改进，不能因为孩子稍有改善就放松警惕。从上周五到这周一，孩子三天都未能专心学习，这段时间我们没有催促她，也不那么焦虑了。昨天，孩子内疚地说自己又没能起床，希望以后能被激励起来。这几天，爸爸一直陪伴孩子看动漫，赋予她正能量，今天她能够按时起床上学了。以前，孩子一请假我就会非常紧张，现在我不再感到那么焦虑。可能今后仍会有起伏，但只要孩子不放弃，我们就持续进行赋能，要相信信念的力量。

学员 C：恭喜你终于觉醒。当你焦虑时，没有人能给你最好的答案，只有你自己意识到问题所在，你才能真正理解。你的女儿画画得很好，手工也做得好，这是多么值得骄傲的事情。继续加油，坚持下去。

父母“战歌”

从此刻起，我要多欣赏、赞美，鼓励孩子，而不是批评、打骂、埋怨孩子。因为我知道只有欣赏和赞美才能带给孩子自信和价值，批评、打骂、埋怨只是在发泄我的情绪，伤害孩子的内心。

从此刻起，我要多倾听、理解、共情孩子，而不是急于要求、评判孩子。因为我知道倾听、理解、共情才是最好的沟通。

从此刻起，我要无条件地去接纳孩子，而不是带着功利心去期待孩子；爱孩子如孩子所是，并非如我所愿。

从此刻起，我要学会信任孩子，不是孩子好了，我才信任，而是我先信任了，孩子才会好。

从此刻起，我要多看孩子的正面价值，而不是盯着孩子的缺点不放。因为我知道，父母的眼光决定孩子的行为。

从此刻起，我要控制自己的情绪，我要成为“一道光”去“照亮”孩子的路。因为我知道脾气只是我内心创伤的投射，我不好，大家就都不会好。

从此刻起，我要积极主动地处理好与爱人的关系，创造一个和谐的家庭环境，绝不让夫妻矛盾影响和伤害到孩子，因为我知道只有夫妻关系和睦才是对孩子最大的爱。

从此刻起，我要成为家庭幸福的“领头羊”，我不再做受害者继续抱怨，我要做责任者成为爱的源头，我要做幸福稳定的自己，学做好父母，成就孩子的一生。

后记

截至目前，我们的课程“从偏差行为到卓越一生 3.0 版本”即将结束。我们要坚信，改变并不难，家庭教育应追求简捷有效。关键在于夫妻关系和谐、亲子关系和谐，以及在家庭中维持爱的流动。一旦达到这样的状态，就让时间来逐渐疗愈孩子，孩子的改变也必然随之到来。

我建议每位父母经常学习本书内容，因为在不同的时间段，每个人的理解和感受都有所不同。通过不断的学习和实践，我们就可以为孩子提供有效的支持。

同时，父母不应急于求成，而应逐步掌握每一个步骤。只要家中有爱的流动，孩子的改变就指日可待。经验告诉我们，年龄越大，疗愈的速度越慢，反之，则疗愈速度越快。这同样与父母的学习效果密切相关，父母学得越好，孩子就改变得越快。

因此，父母一定要认真学习，请记住，在家庭中形成爱的流动是至关重要的，之后就是做好自己应做的事情，其余的就是静待花开，静待孩子的转变。

再次感谢各位的支持！同时希望大家提出宝贵的建议，为了更好地优化本书，您的建议对我们极为重要。

最后，真心祝愿所有的孩子情智双全，所有的家庭幸福卓越！

谁无暴风劲雨时，守得云开见月明。

期待在我们的 4.0 版本再会！